Barb

9798585779008

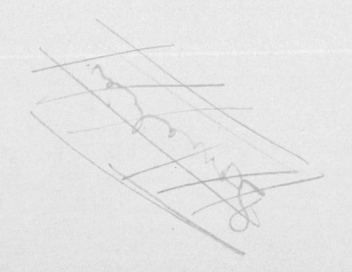

MONSIEUR ET MADAME ANATOLE FRANCE

LA COMÉDIE
DE CELUI QUI ÉPOUSA
UNE FEMME MUETTE

PAR

ANATOLE FRANCE

*ÉDITION SCOLAIRE AVEC NOTES
EXPLICATIVES, EXERCICES
D'ASSIMILATION ET
VOCABULAIRE*

PAR

LÉOPOLD CARDON

NEW YORK
HENRY HOLT AND COMPANY

SEULE ÉDITION

AUTORISÉE PAR MM. CALMANN-LÉVY
ÉDITEURS A PARIS

COPYRIGHT, 1913,
BY
CALMANN-LÉVY

COPYRIGHT, 1925
BY
HENRY HOLT AND COMPANY
January, 1938

PRINTED IN THE
UNITED STATES OF AMERICA

BUT DE CETTE ÉDITION SCOLAIRE

Cette édition scolaire de *la Comédie de celui qui épousa une femme muette* est destinée aux élèves de high school et de collège normalement préparés à lire.

D'autre part, la pièce semble toute désignée pour les représentations annuelles des cercles d'étudiants.

Les professeurs pourront, à leur gré, utiliser ou ignorer les exercices d'assimilation en fin du volume.

Les notes explicatives sont ici renforcées d'exemples que l'élève est invité à répéter à haute voix, inlassablement, — seul moyen pour lui, n'est-il pas vrai, de faire siennes les formes qui en sont l'objet.

Les exercices comprennent: une conversation basée sur le texte; un triple exercice d'assimilation A. B. C., reproduisant, dans des phrases de tous les jours, les formes et expressions à assimiler,— exercice innové pour nos éditions à l'usage des écoles américaines; enfin la suggestion d'une composition originale et pratique, basée sur le texte ainsi travaillé.

Le but de l'édition scolaire de ce lever de rideau ne comporte pas, semble-t-il, d'introduction, si modeste soit-elle, sur Anatole France. Artiste, érudit, philosophe, — humaniste, en somme, — ce

« Prince des lettres contemporaines [1] » semble dans son oeuvre associer tous ces titres en une rare harmonie.

Les professeurs, d'ailleurs, pourront dire de lui à leurs élèves ce qu'ils jugeront opportun pour eux d'en savoir.

L. C.

Dinard, juillet 1924.

---

[1] Titre donné à Anatole France, cette année même à la célébration de son jubilé.

LA COMÉDIE DE
CELUI QUI ÉPOUSA UNE FEMME MUETTE

Utinam aut hic surdus, aut hæc muta facta fit!
(Davus dans l'*Adrienne* de Térence.)

Une salle du rez-de-chaussée, en la maison de M. Léonard Botal. A gauche l'entrée sur la rue Dauphine à Paris; quand la porte s'ouvre on aperçoit le Pont-Neuf. A droite une porte donnant sur la cuisine. Au fond un escalier de bois conduisant aux chambres du premier étage. Aux murs pendent des portraits de magistrats en robe et se dressent de vastes armoires remplies et surchargées de sacs, de livres, de papiers et de parchemins. Une échelle double, à roulettes permet d'atteindre au haut des armoires. Une table à écrire, des chaises et des fauteuils de tapisseries, un rouet.

PERSONNAGES

Monsieur Léonard Botal, juge.

Maître Adam Fumée, avocat.

Maître Simon Colline, médecin.

Maître Jean Maugier, chirurgien-barbier.

Maître Séraphin Dulaurier, apothicaire.

Le Sieur Gilles Boiscourtier, secrétaire de M. Léonard Botal.

Un Aveugle, qui joue de la musette.

Catherine, femme de M. Léonard Botal.

Alizon, servante de M. Léonard Botal.

Mademoiselle de la Garandière.

ACTE PREMIER

SCÈNE PREMIÈRE

GILLES BOISCOURTIER, ALIZON, puis MAÎTRE
ADAM FUMÉE et M. LÉONARD BOTAL

Gilles Boiscourtier est occupé à griffonner et à bâiller lorsque entre la servante Alizon, un grand panier sous chaque bras. Dès qu'il la voit, Gilles Boiscourtier saute sur elle.

ALIZON

5   Sainte Vierge, est-il permis de se jeter comme un loup-garou sur les créatures, dans une salle ouverte à tout venant ?

GILLES, *qui tire de l'un des paniers
une bouteille de vin.*

10   Ne crie donc pas, petite oie. On ne songe pas à te plumer. Tu n'en vaux pas la peine.

ALIZON

Veux-tu bien laisser le vin de monsieur le juge, larron !

Elle pose ses paniers à terre, rattrape sa bouteille,
15 *soufflette le secrétaire, reprend ses paniers et s'en-*

file dans la cuisine, dont on voit la cheminée par la porte entr'ouverte.

Entre maître Adam Fumée.

MAITRE ADAM

N'est-ce point ici que demeure monsieur Léonard Botal, juge au civil et au criminel.

GILLES

C'est ici, monsieur, et vous parlez à son secrétaire, Gilles Boiscourtier, pour vous servir.

MAITRE ADAM

Eh! bien, mon garçon, va lui dire que son ancien condisciple, maître Adam Fumée, avocat, vient l'entretenir d'une affaire.

On entend du dehors une voix qui chante: « du mouron pour les petits oiseaux ».

GILLES

Monsieur, le voici lui-même.

Léonard Botal descend l'escalier intérieur. Gilles se retire dans la cuisine.

MAITRE ADAM

Salut, monsieur Léonard Botal, j'ai joie à vous revoir.

LÉONARD

Bonjour, maître Adam Fumée, comment vous

portez-vous depuis le long temps que je n'ai eu le plaisir de vous voir ?

MAITRE ADAM

Fort bien ! Et vous de même, j'espère, monsieur le juge.

LÉONARD

5 Quel bon vent vous amène, maître Adam Fumée ?

MAITRE ADAM

Je viens tout exprès de Chartres pour vous remettre un mémoire en faveur d'une jeune orpheline dont...

LÉONARD

10 Vous souvient-il, maître Adam Fumée, du temps où nous étudiions le droit à l'université d'Orléans ?

MAITRE ADAM

Oui, nous jouions de la flûte, nous faisions collation avec les dames et nous dansions du matin
15 au soir... Je viens, monsieur le juge et cher condisciple, vous remettre un mémoire en faveur d'une jeune orpheline dont la cause est présentement pendante devant vous.

LÉONARD

Donne-t-elle des épices ?

MAITRE ADAM

C'est une jeune orpheline...

LÉONARD

J'entends bien. Mais donne-t-elle des épices?

MAITRE ADAM

C'est une jeune orpheline dépouillée par son tuteur, qui ne lui a laissé que les yeux pour pleurer. Si elle gagne son procès, elle redeviendra riche et donnera de grandes marques de sa reconnaissance.

LÉONARD, *prenant le mémoire que lui tend maître Adam.*

Nous examinerons son affaire...

MAITRE ADAM

Je vous remercie, monsieur le juge et cher ancien condisciple.

LÉONARD

Nous l'examinerons sans haine ni faveur.

MAITRE ADAM

Vous n'avez pas besoin de le dire... Mais répondez-moi. Tout va-t-il bien comme vous voulez? Vous paraissez soucieux. Pourtant vous êtes nanti d'une bonne charge?

LÉONARD

Je l'ai payée comme bonne et n'ai point été trompé.

MAITRE ADAM

Peut-être êtes-vous las de vivre seul. Ne songez-vous point à vous marier ?

LÉONARD

Eh ! quoi ? maître Adam, ne savez-vous point que je suis marié tout de frais ; j'ai épousé, le mois dernier, une jeune provinciale de bonne maison et bien faite, Catherine Momichel, la septième fille du lieutenant criminel de Salency. Malheureusement elle est muette. C'est ce qui m'afflige.

MAITRE ADAM

Votre femme est muette ?

LÉONARD

Hélas !

MAITRE ADAM

Tout à fait muette ?

LÉONARD

Comme un poisson.

MAITRE ADAM

Ne vous en étiez-vous pas aperçu avant de l'épouser ?

LÉONARD

Il était bien impossible de ne pas en faire la remarque. Mais je ne m'en sentais pas affecté alors comme aujourd'hui. Je considérais qu'elle était belle, qu'elle avait du bien, et je ne pensais qu'aux avantages qu'elle m'apportait et au plaisir que je prendrais avec elle. Mais maintenant ces considérations ne me frappent pas autant et je voudrais bien qu'elle sût parler; j'y trouverais un plaisir pour mon esprit et un avantage pour ma maison. Que faut-il dans la demeure d'un juge ? Une femme avenante, qui reçoive obligeamment les plaideurs et, par de subtils propos, les amène tout doucement à faire des présents pour qu'on instruise leur affaire avec plus de soin. Les gens ne donnent que lorsqu'ils y sont encouragés. Une femme, adroite en paroles et prudente en action, tire de l'un un jambon, de l'autre une pièce de drap; d'un troisième, du vin ou de la volaille. Mais cette pauvre muette de Catherine n'attrape jamais rien. Tandis que la cuisine, le cellier, l'écurie et la grange de mes confrères regorgent de biens, grâce à leur femme, je reçois à peine de quoi faire bouillir la marmite. Voyez, maître Adam Fumée, comme il me porte tort d'avoir une femme muette. J'en vaux la moitié moins... Et le pis est que j'en deviens mélancolique et comme égaré.

MAITRE ADAM

Vous n'en avez pas sujet, monsieur le juge. En y regardant bien, on trouverait dans votre cas des avantages qui ne sont pas à dédaigner.

Léonard

Vous ne savez pas ce que c'est, maître Adam.
5 Quand je tiens dans mes bras ma femme qui est aussi bien faite que la plus belle statue, du moins me le semble-t-il, et qui n'en dit certes pas davantage, j'en éprouve un trouble bizarre et un singulier malaise; je vais jusqu'à me demander
10 si je n'ai pas affaire à une idole, à un automate, à une poupée magique, à quelque machine enfin due à l'art d'un sorcier, plutôt qu'à une créature du bon Dieu et, parfois, le matin, je suis tenté de sauter à bas de mon lit pour échapper au sor-
15 tilège.

MAITRE ADAM

Quelles imaginations!

Léonard

Ce n'est pas tout encore. A vivre près d'une muette, j'en deviens muet moi-même. Parfois, je me surprends à m'exprimer, comme elle, par
20 signes. L'autre jour, au tribunal, il m'arriva de rendre une sentence en pantomime et de condamner un homme aux galères, au seul moyen du geste et de la mimique.

MAITRE ADAM

Vous n'avez pas besoin d'en dire davantage. On conçoit qu'une femme muette soit d'une pauvre conversation. Et l'on n'aime pas à parler, quand on ne reçoit jamais de réponse.

LÉONARD

5 Vous savez maintenant quelle est la cause de ma tristesse.

MAITRE ADAM

Je ne veux pas vous contrarier et je tiens cette cause pour juste et suffisante. Mais peut-être existe-t-il un moyen de la faire cesser. Dites-
10 moi: votre femme est-elle sourde comme elle est muette?

LÉONARD

Catherine n'est pas plus sourde que vous et moi; elle l'est même moins, si j'ose dire; elle entendrait l'herbe pousser.

MAITRE ADAM

15 En ce cas, il faut prendre bon espoir. Les médecins, apothicaires et chirurgiens, s'ils parviennent à faire parler un sourd-muet, ce n'est jamais que d'une langue aussi sourde que son oreille. Il n'entend ni ce qu'on lui dit ni ce qu'il
20 dit lui-même. Il en va tout autrement des muets qui entendent. C'est un jeu, pour un médecin, que de leur délier la langue. L'opération coûte

si peu qu'on la fait journellement sur les petits
chiens qui tardent à aboyer. Fallait-il donc un
provincial tel que moi pour vous apprendre qu'un
fameux médecin, qui demeure à quelques pas de
5 votre logis, au carrefour Buci, dans la maison du
Dragon, maître Simon Colline, est renommé pour
couper le filet aux dames de Paris. En un tournemain, il fera couler de la bouche de madame
votre épouse le flot clair des paroles bien son-
10 nantes, comme en tournant un robinet on donne
cours à un ruisseau qui s'échappe avec un doux
murmure.

LÉONARD

Vous dites vrai, maître Adam ? Vous ne me
trompez point ? vous ne plaidez point ?

MAITRE ADAM

15 Je vous parle en ami et vous dis la vérité pure.

LÉONARD

Je ferai donc venir ce célèbre médecin. Et
sans tarder d'un instant.

MAITRE ADAM

A votre aise ! Mais avant de l'appeler, vous
réfléchirez mûrement sur ce qu'il convient de
20 faire. Car, tout bien pesé, si une femme muette
a ses inconvénients, elle a aussi ses avantages.
Bonsoir, monsieur le juge et ancien condisciple.

Croyez-moi bien votre ami et lisez mon mémoire, je vous prie. Si vous exercez votre justice en faveur d'une jeune orpheline dépouillée par un tuteur avide, vous n'aurez point à vous en repentir.

LÉONARD

Revenez tantôt, maître Adam Fumée; j'aurai préparé mon arrêt.

Maître Adam sort.

SCÈNE II

LÉONARD, puis GILLES, puis CATHERINE
LÉONARD, *appelant.*

Gilles! Gilles!... Le paillard ne m'entend pas; il est dans la cuisine en train de culbuter, à son ordinaire, la marmite et la servante. C'est un goinfre et un débauché. Gilles!... Gilles!... drôle coquin!...

GILLES

Me voici, monsieur le juge.

LÉONARD

Mon ami, va de ce pas chez ce fameux médecin qui demeure au carrefour Buci, dans la maison du Dragon, maître Simon Colline, et dis-lui de venir tout de suite donner, en ce logis, ses soins à une femme muette.

GILLES

Oui, monsieur le juge.

LÉONARD

Suis droit ton chemin et ne va pas sur le Pont-Neuf, voir les bateleurs. Car je te connais, mauvais pèlerin. Tu n'as pas ton pareil pour ferrer la mule...

GILLES

Monsieur, vous me jugez mal...

LÉONARD

Va! et amène ici ce fameux médecin.

GILLES

Oui, monsieur le juge.

Il sort.

LÉONARD, *assis devant sa table, couverte de sacs de procédure.*

J'ai quatorze arrêts à rendre aujourd'hui, sans compter la sentence relative à la pupille de maître Adam Fumée. Et cela est un grand travail, car une sentence ne fait point honneur à un juge quand elle n'est pas bien tournée, fine, élégante et garnie de tous les ornements du style et de la pensée. Il faut que les idées y rient et que les mots y jouent. Où mettre de l'esprit, sinon, dans un arrêt?

Catherine, descendue par l'escalier intérieur, vient se mettre à son rouet, tout près de la table. Elle sourit à son mari et se prépare à filer. Léonard, s'interrompant d'écrire:

5 Bonjour m'amour... Je ne vous avais pas seulement entendue. Vous êtes comme ces figures de la fable qui semblent couler dans l'air ou comme ces songes que les dieux, au dire des poètes, envoient aux heureux mortels.

10 *On entend un villageois qui passe dans la rue en chantant: « Du bon cresson de fontaine, la santé du corps. A six liards la botte! A six liards la botte! »*

M'amour, vous êtes une merveille de la nature;
15 vous êtes une personne accomplie de toutes les manières; il ne vous manque que la parole. Ne seriez-vous pas bien contente de l'acquérir ? Ne seriez-vous pas heureuse de faire passer sur vos lèvres toutes les jolies pensées qu'on devine dans
20 vos yeux ? Ne seriez-vous pas satisfaite de montrer votre esprit ? Ne vous serait-il pas agréable de dire à votre époux que vous l'aimez ? Ne vous serait-il pas doux de l'appeler votre trésor et votre cœur ? Oui sans doute !...

25 *On entend un marchand qui passe dans la rue en criant: « Chandoile de coton! Chandoile qui plus ard clair que nulle étoile! »*

Eh! bien, je vous annonce une bonne nouvelle, m'amour... Il va venir tantôt ici un bon médecin qui vous fera parler...

Catherine donne des marques de satisfaction.

Il vous déliera la langue sans vous faire de mal.

Catherine exprime sa joie par une gracieuse impatience des bras et des jambes. On entend un aveugle qui passe dans la rue en chantant la bourrée sur la musette:

   Dans l'eau l'poisson frétille,
    Qui l'attrapera?
     La déra;
   Dans l'eau l'poisson frétille,
    Qui l'attrapera?
    Vous, la jeune fille,
    On vous aimera.

L'aveugle d'une voix lugubre: « La charité pour l'amour de Dieu, mes bons messieurs et dames. » *Puis il se montre sur le seuil et continue de chanter:*

   Passant vers la rivière,
   Nous donnant le bras
    La déra!
   Passant vers la rivière,
   Nous donnant le bras,
   Trouvons la meunière,
   Avec nous dansa
    La déra!

Catherine se met à danser avec l'aveugle la bourrée. L'aveugle reprend:

>Trouvons la meunière,
>Avec nous dansa
>5   La déra!

L'aveugle s'interrompt de jouer et de danser pour dire, d'une voix caverneuse et formidable: « La charité pour l'amour de Dieu, mes bons messieurs et dames. »

10 LÉONARD, *qui enfoncé dans ses papiers, n'a rien vu, chasse l'aveugle en l'appelant:*

Truand, ladre, malandrin, *et en lui jetant des sacs de procès à la tête.*

A Catherine qui s'est remise à son rouet.

15   M'amour, depuis que vous êtes descendue près de moi, je n'ai pas perdu mon temps; j'ai envoyé au pilori quatorze hommes et six femmes, distribué entre dix-sept individus... (*Il additionne.*) Six... vingt-quatre... trente-deux... quarante-
20 quatre... quarante-sept et neuf, cinquante-six, et onze, soixante-sept, et dix, soixante-dix-sept, et huit, quatre-vingt-cinq, et vingt, cent cinq. Cent cinq ans de galères. Cela ne donne-t-il pas une haute idée du pouvoir d'un juge, et puis-je
25 me défendre d'en ressentir quelque orgueil?

QUI ÉPOUSA UNE FEMME MUETTE 17

Catherine, qui ne file plus, s'appuie contre la table et regarde son mari en souriant. Puis elle s'assied sur la table couverte de sacs de procès. Léonard feignant de tirer les sacs de dessous elle:

5 M'amour, vous dérobez de grands coupables à ma justice. Des larrons, des meurtriers. Je ne les poursuivrai pas: ce lieu de refuge est sacré.

On entend un ramoneur qui crie du dehors: « Ramonez vos cheminées, jeunes dames, du haut en
10 *bas. »*
Léonard et Catherine s'embrassent par-dessus la table. Mais voyant venir la Faculté, Catherine se sauve par l'escalier intérieur.

SCÈNE III

Léonard, Gilles, Maître Simon Colline, Maître Séraphin Dulaurier, puis Maître Jean Maugier, puis Alizon

GILLES

Monsieur le juge, voici ce grand docteur que
15 vous avez fait appeler.

MAITRE SIMON

Oui, je suis maître Simon Colline en personne... Et voici maître Jean Maugier, chirurgien. Vous avez réclamé notre ministère?

LÉONARD

Oui, monsieur, pour donner la parole à une femme muette.

MAITRE SIMON

Fort bien. Nous attendons maître Séraphin Dulaurier, apothicaire. Dès qu'il sera venu, nous opérerons selon notre savoir et entendement.

LÉONARD

Ah! vraiment il faut un apothicaire pour faire parler une muette?

MAITRE SIMON

Oui, monsieur, et quiconque en doute ignore totalement les relations des organes entre eux et leur mutuelle dépendance. Maître Séraphin Dulaurier ne tardera pas à venir.

MAITRE JEAN MAUGIER, *soudain beugle d'une voix de Stentor.*

Oh! qu'il faut être reconnaissant aux savants médecins qui, tels que maître Simon Colline, travaillent à nous conserver la santé et nous soignent dans nos maladies. Oh! qu'ils sont dignes de louanges et de bénédictions ces bons médecins qui se conforment dans la pratique de leur profession aux règles d'une savante physique et d'une longue expérience.

MAITRE SIMON, *s'inclinant légèrement.*

Vous êtes trop obligeant, maître Jean Maugier.

LÉONARD

En attendant monsieur l'apothicaire, voulez-vous vous rafraîchir, messieurs ?

MAITRE SIMON

5   Volontiers.

MAITRE JEAN

Avec plaisir.

LÉONARD

Ainsi donc vous ferez, maître Simon Colline, une petite opération qui fera parler ma femme ?

MAITRE SIMON

C'est-à-dire que je commanderai l'opération.
10 J'ordonne, maître Jean Maugier exécute... Avez-vous vos instruments maître Jean ?

MAITRE JEAN

Oui, maître.

Il présente une scie de trois pieds de long avec des dents de deux pouces, des couteaux, des tenailles,
15 *des ciseaux, une broche, un vilebrequin, une gigantesque vrille, etc.*

Entre Alizon, avec le vin.

LÉONARD

J'espère, messieurs, que vous n'allez point vous servir de tout cela?

MAITRE SIMON

Il ne faut jamais se trouver démuni auprès d'un malade.

LÉONARD
5 Buvez, messieurs.

MAITRE SIMON

Ce petit vin n'est pas mauvais.

LÉONARD

Vous êtes trop honnête. Il vient de mes vignes.

MAITRE SIMON
Vous m'en enverrez une barrique.

10 LÉONARD, *à Gilles qui se verse un rouge bord.*
Je ne t'ai pas dit de boire, fripon.

MAITRE JEAN, *regardant par la fenêtre dans la rue.*
Voici maître Séraphin Dulaurier, apothicaire !
Entre maître Séraphin.

MAITRE SIMON

15 Et voici sa mule !... Non, vraiment: C'est maître Séraphin Dulaurier lui-même. On s'y trompe toujours. Buvez maître Séraphin. Il est frais.

QUI ÉPOUSA UNE FEMME MUETTE 21

MAITRE SÉRAPHIN

A votre santé, mes maîtres !

MAITRE SIMON, *à Alizon.*

Versez la belle. Versez à droite, versez à gauche, versez ici, versez là. De quelque côté qu'elle se tourne elle montre de riches appas. N'êtes-vous pas glorieuse, ma fille, d'être si bien faite ?

ALIZON

Pour le profit que j'en tire, ce n'est pas le cas d'être glorieuse. Les appas ne rapportent guère quand ils ne sont pas recouverts de soie et de brocart.

MAITRE SÉRAPHIN

A votre santé, mes maîtres !

ALIZON

On aime à rire avec nous. Mais *gratis pro Deo.*

Ils boivent tous et font boire Alizon.

MAITRE SIMON

Maintenant que nous sommes au complet nous pouvons monter auprès de la malade.

LÉONARD

Je vais vous y conduire, messieurs.

Il monte par l'escalier intérieur.

MAITRE SIMON

Passez, maître Maugier, à vous l'honneur.

MAITRE MAUGIER, *son verre à la main.*

Je passe, sachant bien que l'honneur est de marcher derrière.

MAITRE SIMON

5 Passez, maître Séraphin Dulaurier.

Maître Séraphin monte, une bouteille à la main.

MAITRE SIMON, *ayant fourré une bouteille dans chaque poche de sa robe et embrassé la servante Alizon, gravit les montées en chantant:*

10   A boire! à boire! à boire!
        Nous quitt'rons-nous sans boire?
        Les bons amis ne sont pas si fous
        Que d'se quitter sans boire un coup.

Alizon, après avoir donné un soufflet à Gilles qui
15 *voulait l'embrasser, grimpe la dernière.*
      On les entend qui reprennent tous en chœur:

        A boire! à boire! à boire!

ACTE DEUXIÈME

SCÈNE PREMIÈRE

Léonard, Maître Adam

MAITRE ADAM

Bonsoir, monsieur le juge. Comment vous portez-vous ?

LÉONARD

Assez bien. Et vous ?

MAITRE ADAM

De mon mieux. Excusez mon importunité, monsieur le juge et cher ancien condisciple. Avez-vous examiné l'affaire de ma jeune pupille dépouillée par son tuteur.

LÉONARD

Pas encore, maître Adam Fumée... Mais que me dites-vous là ? Vous avez dépouillé votre pupille ?...

MAITRE ADAM

N'en croyez rien, monsieur. Je dis « ma pupille » par amitié pure. Je ne suis point son tuteur, Dieu merci ! Je suis son avocat. Et si elle rentre dans ses biens, qui sont grands, je l'épouserai: j'ai déjà eu la précaution de lui donner de l'amour pour moi. C'est pourquoi je vous serai reconnaissant d'examiner son affaire le plus promptement possible. Vous n'avez, pour cela, qu'à lire mon mémoire: il contient tout ce qu'il faut savoir.

LÉONARD

Votre mémoire, maître Adam, est là, sur ma table. J'en aurais déjà pris connaissance, si je n'avais eu des affaires. J'ai reçu chez moi la fleur de la Faculté de médecine, et c'est par votre conseil que m'est venu ce tracas.

MAITRE ADAM

Que voulez-vous dire?

LÉONARD

J'ai fait appeler le fameux médecin dont vous m'aviez parlé, maître Simon Colline. Il est venu avec un chirurgien et un apothicaire; il a examiné Catherine, ma femme, des pieds à la tête, pour savoir si elle était muette. Puis, le chirurgien a coupé le filet à ma chère Catherine, l'apothicaire lui a donné un remède et elle a parlé.

MAITRE ADAM

Elle a parlé? Lui fallait-il un remède pour cela?

QUI ÉPOUSA UNE FEMME MUETTE 25

LÉONARD

Oui, à cause de la sympathie des organes.

MAITRE ADAM

Ah!... Enfin, l'essentiel est qu'elle a parlé. Qu'a-t-elle dit?

LÉONARD

Elle a dit: « Apportez-moi le miroir! » Et, me voyant tout ému, elle a ajouté: « Mon gros chat, vous me donnerez pour ma fête une robe de satin et un chaperon bordé de velours. »

MAITRE ADAM

Et elle a continué de parler?

LÉONARD

Elle ne s'est plus arrêtée.

MAITRE ADAM

Et vous ne me remerciez pas du conseil que je vous ai donné; vous ne me remerciez pas de vous avoir fait connaître ce grand médecin. N'êtes-vous pas bien content d'entendre parler madame votre épouse?

LÉONARD

Si fait! je vous remercie de tout mon cœur, maître Adam Fumée, et je suis bien content d'entendre parler mon épouse.

MAITRE ADAM

Non! vous ne montrez pas autant de satisfaction qu'il faudrait. Il y a quelque chose que vous ne dites pas et qui vous chagrine.

LÉONARD

Où prenez-vous cela?

MAITRE ADAM

5   Sur votre visage... Qu'est-ce qui vous fâche? Madame votre épouse ne parle-t-elle pas bien?

LÉONARD

Elle parle bien et beaucoup. Je vous l'avoue, l'abondance de ses discours m'incommoderait si elle se maintenait longtemps au point qu'elle a
10 atteint d'emblée.

MAITRE ADAM

J'en avais eu tantôt quelque prévision, monsieur le juge. Mais il ne faut pas désespérer si vite. Ce flux de paroles décroîtra peut-être. C'est le premier bouillonnement d'une source brusque-
15 ment ouverte... Tous mes compliments, monsieur le juge. Ma pupille se nomme Ermeline de la Garandière. N'oubliez point son nom; soyez-lui favorable et vous n'aurez point affaire à des ingrats. Je reviendrai ce soir.

LÉONARD

Maître Adam Fumée, je vais tout de suite étudier votre affaire.

Maître Adam Fumée sort.

SCÈNE II

LÉONARD puis CATHERINE

LÉONARD, *lisant.*

5 Mémoire pour la demoiselle Ermeline-Jacinthe-Marthe de la Garandière.

CATHERINE, *qui est venue s'asseoir à son rouet, contre la table. Avec volubilité:*

Qu'est-ce que vous faites-là, mon ami ? Vous
10 paraissez occupé. Vous travaillez beaucoup. Ne craignez-vous pas que cela vous fasse du mal ? Il faut se reposer quelquefois. Mais vous ne me dites pas ce que vous faites-là, mon ami ?

LÉONARD

M'amour, je...

CATHERINE

15 Est-ce donc un si grand secret ? et dois-je l'ignorer ?

LÉONARD

M'amour, je...

CATHERINE

Si c'est un secret ne me le dites pas.

LÉONARD

Laissez-moi du moins le temps de vous répondre. J'instruis une affaire et me prépare à rendre une sentence.

CATHERINE

5   C'est important de rendre une sentence.

LÉONARD

Sans doute. Non seulement l'honneur, la liberté et parfois la vie des personnes en dépendent, mais encore le juge y montre la profondeur de son esprit et la politesse de son langage.

CATHERINE

10   Alors instruisez votre affaire et préparez votre sentence, mon ami. Je ne dirai rien.

LÉONARD

C'est cela... La demoiselle Ermeline-Jacinthe-Marthe de la Garandière...

CATHERINE

Mon ami, que croyez-vous qui me sera le plus
15 séant, une robe de damas ou bien un habit tout de velours à la Turque.

QUI ÉPOUSA UNE FEMME MUETTE   29

LÉONARD

Je ne sais, je...

CATHERINE

Il me semble que le satin à fleurs conviendrait mieux à mon âge, surtout s'il est clair et les fleurs petites...

LÉONARD

5   Peut-être! mais...

CATHERINE

Et ne pensez-vous pas, mon ami, qu'il serait malséant d'outrer l'ampleur du vertugadin? Sans doute il faut qu'une jupe bouffe; l'on n'aurait pas l'air vêtue sans cela et l'on ne doit point
10 lésiner sur le tour de jupe. Mais voudriez-vous, mon ami, que je pusse cacher deux galants sous mon vertugadin? Cette mode tombera; il viendra un jour où les dames de qualité l'abandonneront, et les bourgeoises suivront cet exemple.
15 Vous ne croyez pas?

LÉONARD

Si! mais...

CATHERINE

Quant aux mules il en faut soigner la façon. C'est au pied qu'on juge une femme et la vraie élégante se voit à la chaussure. N'est-ce pas
20 votre avis, mon ami?

LÉONARD

Oui, mais...

CATHERINE

Faites votre sentence. Je ne dirai plus rien.

LÉONARD

C'est cela! (*Lisant et prenant des notes.*) Or le tuteur de la dite demoiselle, Hugues Thomassin seigneur de Piédeloup a dérobé à la dite demoiselle son...

CATHERINE

Mon ami, s'il en faut croire la présidente de Montbadon, le monde est bien corrompu; il court à sa perte; les jeunes gens d'aujourd'hui préfèrent à un honnête mariage le commerce des vieilles dames cousues d'or; et pendant ce temps-là, les filles honnêtes restent en friche. Est-ce possible? répondez-moi mon ami.

LÉONARD

Ma mie, consentez à vous taire un moment ou bien allez parler ailleurs. Je ne sais où j'en suis.

CATHERINE

Soyez tranquille, mon ami. Je ne dirai plus un mot.

LÉONARD

A la bonne heure. (*Écrivant.*) « Ledit seigneur de Piédeloup, tant en fauchées de pré qu'en hottes de pommes... »

CATHERINE

Mon ami, nous avons aujourd'hui pour souper
5 un hachis de mouton avec le reste de l'oie qu'un plaideur nous a donnée. Est-ce assez, dites-moi; cela vous suffit-il? Je déteste la lésine et j'aime l'abondance de la table, mais que sert de faire servir des plats qu'on remporte tout garnis à
10 l'office. La vie est devenue fort coûteuse. Au marché de la volaille, au marché aux herbes, chez le boucher, chez le fruitier, tout a tellement enchéri qu'on aura bientôt meilleur compte à commander les repas chez le traiteur.

LÉONARD

15 Je vous prie... (*Écrivant.*) « Orpheline de naissance. »

CATHERINE

Vous verrez qu'on y viendra. C'est qu'un chapon, une perdrix, un lièvre, coûtent moins, lardés et rôtis, qu'en les achetant tout vifs au marché.
20 Cela vient de ce que les rôtisseurs, qui les prennent en gros, les ont à bas prix et peuvent les revendre très avantageusement. Je ne dis pas pour cela qu'il faille faire venir notre ordinaire

de chez le rôtisseur. On fait bouillir sa marmite chez soi, c'est le mieux; mais quand on veut régaler des amis, quand on donne un dîner prié, le plus expéditif et le moins dispendieux est de
5 faire venir le dîner du dehors. Les rôtisseurs et les pâtissiers, en moins d'une heure vous apprêtent un dîner pour douze, pour vingt, pour cinquante personnes; le rôtisseur vous donne la chair et la volaille, le cuisinier, les gelées, les
10 sauces, les ragoûts; le pâtissier les pâtés, les tourtes, les entrées, les desserts. C'est bien commode. Vous n'êtes point de cet avis, Léonard?

LÉONARD

De grâce!

CATHERINE

Ce n'est pas étonnant que tout enchérisse. Le
15 luxe de la table devient chaque jour plus insolent. Dès qu'on traite un parent ou un ami, on ne se contente pas de trois services, bouilli, rôti, fruit. On veut encore avoir des viandes de cinq ou six façons différentes, avec tant de sauces, de hachis
20 ou de pâtisseries que c'est un vrai salmigondis. Vous ne jugez pas cela excessif, mon ami? Moi, je ne conçois pas le plaisir qu'on trouve à s'empiffrer de tant de viandes. Ce n'est pas que je dédaigne les bons plats, je suis friande. Il me
25 faut peu mais fin. J'aime surtout les rognons de

QUI ÉPOUSA UNE FEMME MUETTE

coq et les fonds d'artichaut. Et vous Léonard, n'avez-vous pas un faible pour les tripes et les andouilles. Fi! fi! peut-on aimer les andouilles?

LÉONARD, *se prenant la tête dans les mains.*

5   Je vais devenir fou! Je sens que je vais devenir fou.

CATHERINE

Mon ami, je ne vais plus rien dire, parce qu'en parlant, je pourrais vous déranger de votre travail.

LÉONARD

Puissiez-vous faire ce que vous dites.

CATHERINE

10 Je n'ouvrirai pas la bouche.

LÉONARD

A merveille.

CATHERINE

Vous voyez mon ami; je ne dis plus rien.

LÉONARD

Oui.

CATHERINE

Je vous laisse travailler bien tranquille.

LÉONARD

15 Oui.

CATHERINE

Et rédiger en paix votre sentence. Est-elle bientôt faite ?

LÉONARD

Elle ne le sera jamais si vous ne vous taisez. (*Écrivant.*) « Item, cent vingt livres de rentes
5 que cet indigne tuteur a soustraites à la pauvre orpheline... »

CATHERINE

Écoutez ! Chut ! Écoutez ! Est-ce qu'on ne crie pas au feu ? Il m'a semblé l'entendre. Mais peut-être me serai-je trompée. Y a-t-il rien d'ef-
10 frayant comme un incendie ? Le feu est plus terrible encore que l'eau. J'ai vu brûler l'année dernière les maisons du Pont-au-Change. Quel désordre ! Quels dégâts ! Les habitants jetaient leurs meubles dans la rivière et se précipitaient
15 eux-mêmes par les fenêtres. Ils ne savaient ce qu'ils faisaient; la peur leur ôtait la raison.

LÉONARD

Seigneur, ayez pitié de moi !

CATHERINE

Pourquoi gémissez-vous, mon ami ? Dites-moi ce qui vous importune.

LÉONARD

20   Je n'en puis plus.

CATHERINE

Reposez-vous, Léonard. Il ne faut pas vous fatiguer ainsi. Ce n'est pas raisonnable, et vous auriez tort de ...

LÉONARD

Ne vous tairez-vous donc jamais?

CATHERINE

5 Ne vous fâchez pas, mon ami. Je ne dis plus rien.

LÉONARD

Le ciel le veuille!

CATHERINE, *regardant par la fenêtre.*

Oh! voici madame de la Bruine, la femme du
10 procureur qui approche; elle porte un chaperon bordé de soie et un grand manteau puce par-dessus sa robe de brocart. Elle est suivie d'un laquais plus sec qu'un hareng saur. Léonard, elle regarde de ce côté: elle a l'air de venir nous
15 faire visite. Dépêchez-vous de pousser les fauteuils pour la recevoir: il faut accueillir les personnes selon leur état et leur rang. Elle va s'arrêter à notre porte. Non, elle passe; elle est passée. Peut-être me suis-je trompée. Peut-être
20 n'est-ce pas elle. On ne reconnaît pas toujours les personnes. Mais si ce n'est pas elle, c'est quelqu'un qui lui ressemble, et même qui lui

ressemble beaucoup. Quand j'y songe, je suis sûre que c'était elle, il ne peut se trouver à Paris une seule femme aussi semblable à madame de la Bruine. Mon ami... mon ami... est-ce que
5 vous auriez été content que madame de la Bruine nous fît une visite ? (*Elle s'assied sur la table.*) Vous qui n'aimez pas les femmes bavardes, il est heureux pour vous que vous ne l'ayez pas épousée ; elle jacasse comme une pie, elle ne fait que
10 babiller du matin au soir. Quelle claquette ! Et elle raconte quelquefois des histoires qui ne sont pas à son honneur.

Léonard, excédé, monte à son échelle avec son écritoire et s'assied sur un échelon du milieu, où il
15 *tâche d'écrire.*

D'abord elle énumère tous les présents que son mari reçoit. Le compte en est fastidieux.

Elle monte de l'autre côté de l'échelle double et s'assied en face de Léonard.

20 En quoi cela nous intéresse-t-il que le procureur de la Bruine reçoive du gibier, de la farine, de la marée, ou bien encore un pain de sucre ? Mais madame de la Bruine se garde bien de dire que son mari a reçu un jour un grand pâté
25 d'Amiens, et que, quand il l'ouvrit, il ne trouva que deux grandes cornes.

LÉONARD

Ma tête éclate! (*Il se réfugie sur l'armoire avec son écritoire et ses papiers.*)

CATHERINE, *au plus haut de l'échelle.*

Avez-vous vu cette procureuse, car enfin, elle n'est que la femme d'un procureur? Elle porte un chaperon brodé, comme une princesse. Ne trouvez-vous pas cela ridicule; mais aujourd'hui tout le monde se met au-dessus de sa condition, les hommes comme les femmes. Les jeunes clercs du palais veulent passer pour des gentilshommes; ils portent des chaînes d'or, des ferrements d'or, des chapeaux à plumes; malgré cela on voit bien ce qu'ils sont.

LÉONARD, *sur son armoire.*

Au point où j'en suis, je ne réponds plus de moi, et je me sens capable de commettre un crime. (*Appelant.*) Gilles! Gilles! Gilles! le fripon! Gilles! Alizon! Gilles! Gilles!

Entre Gilles.

Va vite trouver le célèbre médecin du carrefour Buci, maître Simon Colline, et dis-lui qu'il revienne tout de suite pour une affaire bien autrement nécessaire et pressante que la première.

GILLES

Oui, monsieur le juge.

Il sort.

CATHERINE

Qu'avez-vous, mon ami ? Vous paraissez échauffé. C'est peut-être le temps qui est lourd. Non ?... C'est le vent d'Est, ne croyez-vous pas ? ou le poisson que vous avez mangé à dîner.

LÉONARD, *donnant sur son armoire des signes de frénésie.*

Non omnia possumus omnes. Il appartient aux Suisses de vider les pots, aux merciers d'auner du ruban, aux moines de mendier, aux oiseaux de fienter partout et aux femmes de caqueter à double ratée. Oh ! que je me repens, péronnelle de t'avoir fait couper le filet. Mais, sois tranquille, ce grand médecin va bientôt te rendre plus muette qu'auparavant.

Il prend à brassées les sacs de procès entassés sur l'armoire où il s'est réfugié et les jette à la tête de Catherine qui descend lestement de l'échelle et se sauve épouvantée, par l'escalier intérieur, en criant:

— Au secours, au meurtre ! Mon mari est devenu fou ! Au secours !

LÉONARD

Alizon ! Alizon !

Entre Alizon.

ALIZON

Quelle vie ! monsieur, vous êtes donc devenu meurtrier ?

LÉONARD

Alizon, suivez-la, tenez-vous auprès d'elle et ne la laissez pas descendre. Sur votre vie, Alizon, ne la laissez pas descendre. Car de l'entendre encore je deviendrais enragé et Dieu sait à quelles extrémités je me porterais sur elle et sur vous. Allez !

Alizon monte l'escalier.

SCÈNE III

Léonard, Maître Adam, Mademoiselle de la
  Garandière suivis d'un laquais portant un
  panier.

MAITRE ADAM

Souffrez, monsieur le juge, que, pour attendrir votre cœur et pour émouvoir vos entrailles, je vous présente cette jeune orpheline qui, dépouillée par un tuteur avide, implore votre justice. Ses yeux parleront mieux à votre âme que ma voix. Mademoiselle de la Garandière vous apporte ses prières et ses larmes; elle y joint un jambon, deux pâtés de canard, une oie et deux barbots. Elle ose espérer en échange, une sentence favorable.

LÉONARD

Mademoiselle, vous m'intéressez... Avez-vous quelque chose à ajouter pour la défense de votre cause ?

MADEMOISELLE DE LA GARANDIÈRE

Vous êtes trop bon, monsieur; je m'en réfère à ce que vient de dire mon avocat.

LÉONARD

C'est tout ?

MADEMOISELLE DE LA GARANDIÈRE

Oui, monsieur.

LÉONARD

Elle parle bien, elle parle peu. Cette orpheline est touchante. (*Au laquais.*) Portez ce paquet à l'office.

Le laquais sort. A maître Adam:

Maître Adam, quand vous êtes entré je rédigeais le jugement que je rendrai tantôt dans l'affaire de cette demoiselle.

Il descend de son armoire.

MAITRE ADAM

Quoi, sur cette armoire ?

LÉONARD

Je ne sais où j'en suis ; j'ai la tête bien malade. Voulez-vous entendre le jugement ? J'ai moi-même besoin de le relire. (*Lisant:*) « Attendu que la demoiselle de la Garandière, orpheline de naissance a soustrait frauduleusement et dolosivement au sieur Piédeloup son tuteur, dix fauchées de pré, quatre-vingts livres de poisson d'étang, attendu qu'il n'y a rien d'effrayant comme un incendie, attendu que monsieur le Procureur a reçu un pâté d'Amiens dans lequel il y avait deux cornes...

MAITRE ADAM

Ciel que lisez-vous là ?

LÉONARD

Ne me le demandez pas ; je n'en sais rien moi-même. Il me semble qu'un diable m'a, deux heures durant, mis la cervelle au pilon. Je suis devenu idiot... Et c'est par votre faute, maître Adam Fumée... Si ce bon médecin n'avait pas rendu ma femme parlante...

MAITRE ADAM

Ne m'accusez pas, monsieur Léonard. Je vous avais prévenu. Je vous avais bien dit qu'il fallait y regarder à deux fois avant de délier la langue d'une femme.

LÉONARD

Ah! maître Adam Fumée combien je regrette le temps où Catherine était muette. Non! la nature n'a pas de fléau plus terrible qu'une femme bavarde... Mais je compte bien que les médecins révoqueront leur bienfait cruel. Je les ai fait appeler et voici justement le chirurgien.

SCÈNE IV

Les Mêmes, Maître Jean Maugier, puis Maître Simon Colline et Maître Séraphin Dulaurier suivi de deux petits garçons apothicaires.

MAITRE JEAN MAUGIER

Monsieur le juge j'ai l'honneur de vous saluer. Voici maître Simon Colline qui s'avance sur sa mule, suivi de maître Séraphin Dulaurier, apothicaire. Autour de lui se presse un peuple idolâtre; les chambrières, troussant leur cotillon et les marmitons portant une manne sur leur tête lui font cortège: (*Entre maître Simon Colline et sa suite.*) Oh! qu'avec justice maître Simon Colline fait l'admiration du peuple quand il va par la ville portant la robe, le bonnet carré, l'épitoge et le rabat. Oh! qu'il faut être reconnaissant à ces bons médecins qui travaillent à nous conserver la santé et à nous soigner dans...

MAITRE SIMON, *à maître Jean Maugier.*

5 Assez; cela suffit...

LÉONARD

Maître Simon Colline, j'avais hâte de vous voir. Je réclame instamment votre ministère.

MAITRE SIMON

Pour vous, monsieur? Quel est votre mal? Où souffrez-vous?

LÉONARD

10 Non! pour ma femme: celle qui était muette.

MAITRE SIMON

Éprouve-t-elle quelque incommodité?

LÉONARD

Aucune. C'est moi qui suis incommodé.

MAITRE SIMON

Quoi! C'est vous qui êtes incommodé et c'est votre femme que vous voulez guérir?

LÉONARD

15 Maître Simon Colline, elle parle trop. Il fallait lui donner la parole, mais ne pas la lui tant

donner. Depuis que vous l'avez guérie de son mutisme, elle me rend fou. Je ne puis l'entendre davantage. Je vous ai appelé pour me la faire redevenir muette.

MAITRE SIMON
5   C'est impossible !

LÉONARD
Que dites-vous ? Vous ne pouvez lui ôter la parole que vous lui avez donnée ?

MAITRE SIMON
Non ! je ne le puis. Mon art est grand, mais il ne va pas jusque-là.

MAITRE JEAN MAUGIER
10   Cela nous est impossible.

MAITRE SÉRAPHIN
Tous nos soins n'y feraient rien.

MAITRE SIMON
Nous avons des remèdes pour faire parler les femmes ; nous n'en avons pas pour les faire taire.

LÉONARD
Vous n'en avez pas ? Que me dites-vous là ?
15 Vous me désespérez.

MAITRE SIMON

Hélas! monsieur le juge, il n'est élixir, baume, magistère, opiat, onguent, emplâtre, topique, électuaire, panacée pour guérir chez la femme l'intempérance de la glotte. La thériaque et l'orviétan y seraient sans vertu, et toutes les herbes décrites par Dioscorides n'y opéreraient point.

LÉONARD

Dites-vous vrai?

MAITRE SIMON

Vous m'offenseriez, monsieur, d'en douter.

LÉONARD

En ce cas, je suis un homme perdu. Je n'ai plus qu'à me jeter dans la Seine, une pierre au cou. Je ne peux pas vivre dans ce vacarme. Si vous ne voulez pas que je me noie tout de suite, il faut, messieurs les docteurs, que vous me trouviez un remède.

MAITRE SIMON

Il n'y en a point, vous ai-je dit, pour votre femme. Mais il y en aurait un pour vous, si vous consentiez à le prendre.

LÉONARD

Vous me rendez quelque espoir. Expliquez-vous, je vous prie.

MAITRE SIMON

A babillage de femme, il est un remède unique. C'est surdité du mari.

LÉONARD

Que voulez-vous dire ?

MAITRE SIMON

Je veux dire ce que je dis.

MAITRE ADAM

Ne le comprenez-vous pas ? C'est la plus belle invention du monde. Ne pouvant rendre votre femme muette, ce grand médecin vous offre de vous rendre sourd.

LÉONARD

Me rendre sourd tout de bon ?

MAITRE SIMON

Sans doute. Je vous guérirai subitement et radicalement de l'incontinence verbeuse de madame votre épouse par la cophose.

LÉONARD

Par la cophose ? Qu'est-ce que la cophose ?

MAITRE SIMON

C'est ce qu'on appelle vulgairement la surdité. Voyez-vous quelque inconvénient à devenir sourd ?

QUI ÉPOUSA UNE FEMME MUETTE

LÉONARD

Oui, j'en vois; car vraiment il y en a.

MAITRE JEAN MAUGIER

Croyez-vous ?

MAITRE SÉRAPHIN

Lesquels ?

MAITRE SIMON

Vous êtes juge. Quel inconvénient y a-t-il à ce qu'un juge soit sourd ?

MAITRE ADAM

Aucun. L'on peut m'en croire: je suis du Palais. Il n'y en a aucun.

MAITRE SIMON

Quel dommage en résulterait-il pour la justice ?

MAITRE ADAM

Il n'en résulterait nul dommage. Au contraire, Monsieur Léonard Botal n'entendrait ni les avocats, ni les plaignants, et il ne risquerait plus d'être trompé par des mensonges.

LÉONARD

Cela est vrai.

MAITRE ADAM

Il n'en jugera que mieux.

LÉONARD

Il se peut.

MAITRE ADAM

N'en doutez pas.

LÉONARD

Mais comment s'opère cette...

MAITRE JEAN MAUGIER

Guérison.

MAITRE SIMON

La cophose ou surdité peut-être obtenue de plusieurs manières. On la produit soit par l'otorrée, soit par les oreillons, soit par la sclérose de l'oreille, soit par l'otite, ou encore par l'ankylose des osselets. Mais ces divers moyens sont longs et douloureux.

LÉONARD

Je les repousse!... Je les repousse de toutes mes forces.

MAITRE SIMON

Vous avez raison. Il vaut bien mieux obtenir la cophose par l'influence d'une certaine poudre blanche que j'ai dans ma trousse et dont une pincée, introduite dans l'oreille, suffit pour vous rendre aussi sourd que le ciel dans ses jours de colère, ou qu'un pot.

LÉONARD

Grand merci, maître Simon Colline; gardez votre poudre. Je ne veux pas être sourd.

MAITRE SIMON

Quoi, vous ne voulez pas être sourd? Quoi, vous rejetez la cophose? Vous fuyez la guérison
5 que vous imploriez tout à l'heure? C'est un spectacle trop fréquent et bien fait pour porter la douleur dans l'âme d'un bon médecin, que celui du malade indocile qui repousse le remède salutaire...

MAITRE JEAN MAUGIER

10 ... Se dérobe aux soins qui soulageraient ses souffrances...

MAITRE SÉRAPHIN

... Et refuse d'être guéri.

MAITRE ADAM

Ne vous décidez pas si vite, monsieur Léonard Botal, et ne repoussez pas si délibérément un
15 mal qui vous garde d'un plus grand.

LÉONARD

Non! je ne veux point être sourd; je ne veux point de cette poudre.

SCÈNE V

Les Mêmes, Alizon, puis Catherine

ALIZON *dévalant l'escalier, en se bouchant les oreilles.*
Je n'y puis tenir. Ma tête en éclate. Il n'est pas humainement possible d'entendre bourdonner de cette sorte. Elle n'arrête pas. Il me semble que je suis depuis deux heures dans la roue d'un moulin.

LÉONARD

Malheureuse ! Ne la laissez pas descendre. Alizon ! Gilles ! Qu'on l'enferme !

MAITRE ADAM

Oh ! monsieur !

MADEMOISELLE DE LA GARANDIÈRE

Oh ! monsieur, pouvez-vous avoir l'âme si noire que de vouloir séquestrer cette pauvre dame.

CATHERINE

Quelle belle et nombreuse compagnie. Je suis votre servante, messieurs. (*Elle fait la révérence.*)

MAITRE SIMON COLLINE

Eh ! bien, madame ? N'êtes-vous pas contente de nous, et ne vous avons-nous pas bien délié la langue ?

CATHERINE

Assez bien, messieurs, et je vous en suis fort obligée; dans les premiers moments, je ne pouvais articuler beaucoup de mots. Mais maintenant, j'ai assez de facilité à parler; j'en use
5 modérément, car une femme bavarde est un fléau domestique. Messieurs, je serais désolée si vous pouviez me soupçonner de loquacité et si vous pensiez qu'une démangeaison de discourir me tourmente. C'est pourquoi je vous demande la
10 permission de me justifier tout de suite aux yeux de mon mari qui, sur je ne sais quelle apparence, prévenu contre moi, a pu s'imaginer que mes propos lui donnaient de fâcheuses distractions pendant qu'il rédigeait une sentence... C'était
15 une sentence en faveur d'une jeune orpheline, privée à la fleur de ses ans de ses père et mère. Mais il n'importe. J'étais assise auprès de lui et je ne lui adressais autant dire pas la parole. Mon seul discours était ma présence. Un mari peut-il
20 s'en plaindre? Peut-il trouver mauvais qu'une épouse se tienne auprès de lui et recherche sa compagnie, comme elle le doit? (*A son mari.*) Plus j'y songe et moins je puis concevoir votre impatience. Quelle en est la cause? Cessez d'al-
25 léguer le prétexte de mon bavardage. Il n'est pas soutenable. Mon ami, il faut que vous ayez contre moi quelque grief que je ne sais pas, je vous prie de me le dire. Vous me devez une

explication, et quand je saurai ce qui vous a fâché, je ferai en sorte de vous épargner à l'avenir la contrariété que vous m'aurez fait connaître. Car j'ai à cœur de vous éviter tout sujet de mécontentement. Ma mère disait: « Entre époux, on ne doit pas se faire de mystères. » Elle avait bien raison. Souvent un mari ou une femme, pour ne s'être point confiés l'un à l'autre, ont attiré sur leur maison et sur eux-mêmes des catastrophes terribles. C'est ce qui est arrivé à madame la présidente de Beaupréau. Pour surprendre agréablement son mari, elle avait enfermé dans un coffre de sa chambre un petit cochon de lait. Le mari l'entendit crier et, croyant que c'était un galant, il tira son épée et en perça le cœur de son épouse avant même d'entendre les explications de sa malheureuse femme. Quand il ouvrit le coffre, jugez de sa surprise et de son désespoir. C'est pourquoi il ne faut pas faire de cachotteries, même à bon escient. Vous pouvez vous expliquer devant ces messieurs. Je n'ai point de torts et tout ce que vous pourrez dire ne fera que faire éclater mon innocence.

LÉONARD, *qui depuis quelques instants essaie vainement par ses gestes et ses cris d'arrêter les paroles de Catherine et qui a déjà donné les signes d'une extrême impatience.*

La poudre! La poudre! Maître Simon Colline, votre poudre, votre poudre blanche, par pitié !

MAITRE SIMON

Jamais poudre à rendre sourd ne fut en effet plus nécessaire. Veuillez vous asseoir, monsieur le juge. Maître Séraphin Dulaurier va vous insuffler la poudre assourdissante dans les oreilles.

MAITRE SÉRAPHIN

Bien volontiers, monsieur.

MAITRE SIMON

Voilà qui est fait.

CATHERINE, *à maître Adam Fumée.*

Faites entendre raison, à mon mari, monsieur l'avocat. Dites-lui qu'il faut qu'il m'écoute, qu'on n'a jamais condamné une épouse sans l'entendre, dites-lui qu'on ne jette pas des sacs à la tête d'une femme (car il m'a jeté des sacs à la tête), sans y être poussé par un violent mouvement du cœur ou de l'esprit... Mais non ! je vais lui parler moi-même. (*A Léonard:*) Mon ami, répondez, vous ai-je manqué en quelque chose? Suis-je une méchante femme? Suis-je une mauvaise épouse? J'ai été fidèle à mon devoir; je vous dirai même que je l'ai aimé...

LÉONARD, *son visage exprime la béatitude, et tranquille, il se tourne les pouces.*

Cela est délicieux. Je n'entends plus rien.

CATHERINE

Écoutez-moi, Léonard, je vous aime tendrement. Je vais vous ouvrir mon cœur. Je ne suis pas une de ces femmes légères et frivoles qu'un rien afflige, qu'un rien console et qui s'amuse de bagatelles. J'ai besoin d'amitié. Je suis née ainsi: dès l'âge de sept ans j'avais un petit chien, un petit chien jaune... Vous ne m'écoutez pas...

MAITRE SIMON

Madame, il ne saurait vous écouter, vous ou tout autre. Il n'entend plus.

CATHERINE

Comment il n'entend plus.

MAITRE SIMON

Non, il n'entend plus par l'effet d'une médication qu'il vient de prendre.

MAITRE SÉRAPHIN

Et qui a produit en lui une douce et riante cophose.

CATHERINE

Je le ferai bien entendre moi.

MAITRE SIMON

Vous n'en ferez rien, madame; c'est impossible.

CATHERINE

Vous allez voir... (*A son mari.*) Mon ami, mon chéri, mon amour, mon cœur, ma moitié... Vous n'entendez pas. (*Elle le secoue.*) Olibrius, Hérode, Barbe-Bleue, cornard.

LÉONARD

Je ne l'entends plus par les oreilles. Mais je ne l'entends que trop par les bras, par les épaules ou par le dos.

MAITRE SIMON

Elle devient enragée.

LÉONARD

Où fuir ? Elle m'a mordu, et je me sens devenir enragé comme elle.

On entend l'aveugle au dehors. — Il entre dans la salle en chantant:

> Passant vers la rivière,
> Nous donnant le bras,
> La déra;
> Passant vers la rivière,
> Nous donnant le bras,
> Trouvons la meunière,
> Avec nous dansa,
> La déra;
> Trouvons la meunière,
> Avec nous dansa.

Catherine et Léonard vont en dansant et en chantant mordre tous les assistants, qui devenus enragés, dansent et chantent furieusement et ne s'arrêtent que pour dire, par la bouche de M. Léonard Botal:

— Mesdames et messieurs, excusez les fautes de l'auteur.

FIN

NOTES EXPLICATIVES [1]

Épigraphe. — « Utinam aut hic surdus, aut hæc muta facta fit ! » Puisse-t-il (*celui-ci*) devenir sourd, ou elle (*celle-là*), muette ! *May he become deaf, or she dumb !*

Personnages

Maître Adam Fumée, avocat. Maître, dont l'abréviation est M^e, est le titre professionnel donné aux avocats, notaires, avoués et, au temps des corporations, à un ouvrier reçu dans un corps de métier après avoir achevé son apprentissage professionnel.

chirurgien-barbier. Au temps de cette comédie, les chirurgiens cumulaient aussi l'emploi de barbier; certains chirurgiens étaient barbiers officiels du roi ou de quelque grand personnage.

le sieur. « Le sieur » (pour notre actuel **monsieur**, réservé à l'origine au frère cadet du roi) était alors, comme de nos jours encore, l'appellation précédant le nom des personnes dans les contrats, les actes civils ou judiciaires: le sieur Dornac, etc.

un apothicaire. Les apothicaires d'alors correspondaient, en partie, à nos pharmaciens d'aujourd'hui. Ainsi que les médecins de son temps, Molière les

---

[1] On a, à dessein, rédigé ces notes en français simple se rapprochant de l'anglais.

a ridiculisés dans plusieurs de ses comédies où il se moque de leur ignorance, leur pédantisme, leur sotte vanité.

ACTE PREMIER

Description de la scène:

en la maison de... pour: **de la maison de... De** indique la possesseur; **en,** situe (= *locates*). De plus, **en...** employé pour **de...** donne, en pareil cas, au style sa couleur vieille syntaxe. Anatole France, — nous aurons occasion de le constater souvent au cours de cette comédie, — sait, en grand artiste lettré, évoquer une époque, en rappeler discrètement le style: vocables pittoresques ou professionnels, vieilles expressions, syntaxe du temps, encore possible de nos jours, mais donnant au style sa couleur d'autrefois.

la rue Dauphine. Dans le vieux Paris ou île de la Cité, formée par les deux bras de la Seine.

quand la porte s'ouvre, *when the door opens.* Forme réfléchie idiomatique, équivalant ici à: quand on ouvre la porte.

le Pont-Neuf. L'un des vieux ponts de Paris, reliant l'île de la Cité à la partie nord de la ville. Ce pont était alors le rendez-vous préféré des comédiens ambulants et des colporteurs. Le jeune Poquelin (dit Molière) s'y attardait, amusé par leurs farces et leurs tours.

se dressent de vastes armoires remplies de ..., *stand large cupboards filled with...* L'inversion du sujet (au lieu de: de vastes armoires remplies de... se dressent) est commandée par la longueur du complément **remplies de . . .**, pour l'harmonie de la phrase. **Se dressent** forme réfléchie active pour **sont dressées**.

de sacs. Ces sacs sont remplis de procès ou de causes, car c'était alors la coutume de les réunir dans des sacs.

à roulettes, à écrire. Remarquez le sens de la préposition **à**: descriptive, dans **une échelle à roulettes** (munie de roulettes = with); indiquant l'usage auquel l'objet est destiné dans **une table à écrire**.

des fauteuils de tapisseries, *chairs upholstered in tapestry*. Des fauteuils dont les bras, le dos, etc., sont recouverts de tapisseries, sont tapissés.

Scène I

Page 3. occupé à griffonner, *busy scribbling*.
Remarquez **occupé à . . .** ou: **en train de**.
Dites: Je suis occupé à faire cela. Tu es... *Ou* plus familier: Je suis en train de faire cela. Tu es...
saute sur elle *ou* se jette sur elle, *pounces on her*.

5. **Sainte Vierge!** Exclamation correspondant à *Heavens!*

6. **une salle ouverte à tout venant,** *a room open to the first comer*. **Venant,** participe présent du verbe venir est employé ici substantivement. Dans l'ancienne langue, beaucoup de participes présents, de participes passés et d'infinitifs s'employaient ainsi. Il nous en est resté un certain nombre.

10. **On ne songe pas à te plumer,** *Nobody is thinking of plucking you*. Littéralement, plumer = *to pluck*. Vous voyez le jeu de mots avec ici son sens métaphorique.

11. Tu n'en vaux pas la peine, *You are not worth the trouble. Idiotisme:* valoir la peine de..., en valoir la peine.

Dites à haute voix, à toutes les personnes — inlassablement: Elle se sacrifie pour moi; je n'en vaux pas la peine. Tu n'en...

12. Veux-tu bien laisser... Rendez par: *Please, leave alone...* Remarquez que **bien** est redondant ou emphatique dans beaucoup d'expressions.

elle s'enfile dans la cuisine, *she slips off into the kitchen. Ou* elle se sauve dans... Remarquez ces formes réfléchies: s'enfiler dans..., se sauver dans...

Dites à haute voix à toutes les personnes, inlassablement: 1. Je me sauve dans la cuisine. 2. Sauve-toi dans la cuisine. 3. Je me suis sauvé(e) dans la cuisine.

Page 4. la porte entr'ouverte *ou* la porte entrebaîllée, *the door ajar.*

Remarquez l'élision de **entre** devant un verbe commençant par une voyelle.

7. ..., pour vous servir. Phrase de politesse; rendez par: *at your service.*

10. vient l'entretenir d'une affaire. Plus officiel et important que: vient lui parler d'une affaire.

« Du mourron pour les petits oiseaux ! » *Chickweed for the little birds!* L'un de ces nombreux « cris », si pittoresques et caractéristiques du Paris d'alors et d'aujourd'hui, que des poètes, Villon et autres, prirent plaisir à évoquer.

16. j'ai joie à vous revoir *ou* j'ai plaisir à vous revoir.

NOTES EXPLICATIVES

Page 5. 1. **depuis le long temps que...** Le *long temps*, en deux mots, (*temps* est employé substantivement et *long* est adjectif) pour la forme courante adverbiale, moderne: depuis si longtemps que.

1. **Que je n'ai eu le plaisir de vous voir.** Remarquez l'omission de **pas** dans cette proposition négative formée du verbe **avoir**. Dans l'ancienne langue le **ne** (sans **pas**) était le signe de la forme négative; par emphase on l'a ensuite renforcé de **pas** (= *step*), de **point** (= *dot*), de **goutte** (= *drop*), etc. Il nous est resté un certain nombres d'expressions sans **pas**.

3. **Fort bien!** *ou* Très bien! *Very well! all right!*

5. **Quel bon vent vous amène?** — Du sens littéral du mot **vent** (= *wind*), déduisez le sens de cette expression métaphorique.

8. **un mémoire,** *memorandum*; une mémoire, *memory*. Remarquez le sens différent suivant le genre de ce substantif.

7. **Je viens (tout) exprès de Chartres pour...,** *I come expressly from Chartres to...*

Dites à haute voix à toutes les personnes, inlassablement:

a) 1. Je viens tout exprès de Boston pour le voir.

2. Je suis venu(e) tout exprès de Boston pour le voir.

b) *Remarquez*: Je l'ai fait exprès (= *purposely*). Tu l'as...

Contraire: Je ne l'ai pas fait exprès; excusez-moi.

10. **Vous souvient-il de...?** *Do you remember...* Cet emploi impersonnel du verbe, essentiellement pronominal et intransitif, **se souvenir de** (il me souvient de, il vous souvient de, il nous souvient de...) pour la

forme personnelle (je me souviens de, vous vous souvenez de, nous nous souvenons de, vous souvenez-vous de...?) donne au style une note *littéraire* ou *élégiaque*, ici en parfaite harmonie avec la situation des personnages et leurs souvenirs: Léonard (juge) rappelle à maître Adam (avocat) leur jeunesse lointaine d'étudiants.

La Fontaine disait, avec l'archaïque « la souvenance » pour *le souvenir*:

« J'ai souvenance, qu'en un pré de moines passant,... »
Et Chateaubriand, élégiaque:

« Combien j'ai douce souvenance!...

Te souvient-il, ma sœur?... »

Dans la langue courante, nous employons la forme personnelle de **se souvenir de** ou de **se rappeler** — cette dernière étant transitive et jamais impersonnelle.

En application, observez, répétez à haute voix:

Vous souvient-il du temps où nous étudiions le droit? (*impers.*)

Vous souvenez-vous du temps où nous étudiions le droit? (*pers.*)

Vous rappelez-vous le temps où nous étudiions le droit? (*trans.*)

11. **nous étudiions le droit,** *We studied law.* Quel temps? Expliquez les deux i par la règle de formation de ce temps. On dit en français:

étudier le droit ou **faire son droit,** to study law.

Répétez inlassablement, à toutes les personnes:

J'étudie le droit à l'université du Wisconsin. *ou*
Je fais mon droit à l'université du Wisconsin.

13. **Oui, nous jouions de la flûte,** *yes, we played the flute.*

Remarquez la construction française: **jouer de la flûte** (**du** piano, etc.).

Vous remarquez aussi, n'est-ce pas, la douce ironie de cette manière d'étudier le droit?

13. **nous faisions collation avec les dames,** *we supped with the ladies.*

La collation (*ou* le goûter) est un petit repas vers quatre ou cinq heures de l'après-midi, en attendant le repas du soir; de nos jours, nous *goûtons* ou nous *prenons le thé.*

Observez, continuez à haute voix à toutes les personnes:

1. Je faisais collation avec mes amis.
2. Je goûtais avec mes amis.
3. Je **prenais le** thé avec mes amis. (*I used to have tea with my friends.*)
4. Je prenais **du** thé (partitif). (*I used to drink tea.*)

17. **dont la cause est présentement pendante devant vous,** whose case is now pending before you.

19. **Donne-t-elle des épices?** *Does she give tips* (*or gifts*) ?

On désignait de ce nom les présents en nature faits aux juges pour les intéresser à une cause.

Page 6. 2. **J'entends bien.** *Entendre*, dans le sens de *comprendre*.

17. **Vous êtes nanti de...,** *You are furnished with* ou *vous êtes pourvu de.*

Continuez: Je suis pourvu(e) d'une bonne charge. Tu...

Je l'ai payée comme telle. *I payed for it as such.* Sous l'ancien régime, certaines charges officielles s'achetaient par les candidats qualifiés pour ces charges. De nos jours encore, on achète l'étude d'un notaire, d'un avoué, la charge d'un agent de change; comme dans le commerce on achète la clientèle d'un épicier, d'un hôtelier, etc.

Page 7. 3. **ne songez-vous point à vous marier? Songer à,** *to think of.*

6. **tout de frais.** Locution adverbiale pour: très récemment.

Dites à toutes les personnes: Je suis marié(e) tout de frais.

ou Je suis récemment marié.

ou Je viens de me marier.

7. **un(e) jeune provincial(e).** Une personne de la province, par opposition à un(e) Parisien(ne).

7. **de bonne maison.** Maison, ici, dans le sens de: famille distinguée ou riche.

8. **bien faite.** Dans le sens de *belle, attrayante.*

9. **lieutenant criminel.** Sous l'ancien régime, les lieutenants criminels, nommés par le roi de France, étaient chargés d'enquérir des affaires criminelles.

Salency. Petit village à 3 kilomètres de Noyon (dans le département de l'Oise). Il existait déjà au temps de saint Médard (Ve siècle), évêque de Noyon. Chaque année depuis l'évêque Médard, on y élit une « rosière »: c'est la jeune fille jugée la plus vertueuse, à qui on décerne un prix de vertu. On la couronne de roses, on lui fait un cadeau de mariage.

14. **muet(te) comme un poisson** *ou* muet(te) comme une carpe, *as mute as a fish* (*a carp*).

16. **S'apercevoir de,** *to notice;* apercevoir, *to perceive,* see.

Dites à toutes les personnes:

Je ne me suis pas aperçu(e) qu'elle est muette; je ne m'en suis pas aperçu(e).

Page 8. 1. Il était (bien) impossible de... Remarquez que l'adverbe **bien** est souvent emphatique ou redondant, sens de *quite, very, indeed, very much, etc.*, suivant le contexte.

4. **avoir du bien** *ou* **être riche.** Bien, substantif, sens de: richesse, fortune, argent.

7. **je voudrais bien qu'elle sût parler,** *I should like it if she could speak.*

Justifiez **sût**, imparfait du subjonctif.

14. **instruire une affaire judiciaire** c'est l'étudier, la préparer en vue du jugement à en rendre.

19. **cette pauvre muette de Catherine.** Remarquez le **de** idiomatique de ces expressions formées d'un adjectif suivi d'un nom propre ou commun. Dites plusieurs fois:

Ce stupide de Paul. Cet imbécile de juge. Cet enfant de Robert, etc.

20. **n'attrape jamais rien.** Distinguez bien: jamais (*ever*), rien (*something, anything*), personne (*somebody, anybody*); de ne (verbe) **jamais,** (*never*), ne (verbe) **rien,** (*nothing*), etc.

23. **de quoi faire bouillir la marmite,** *enough to keep the pot boiling.*

Idiomatique **de quoi** + infinitif, (the thing necessary to ...).

Dites à toutes les personnes:

1. Je n'ai pas de quoi manger. 2. J'achète de quoi écrire.

24. il me porte tort de... *It injures me to...*

Construction impersonnelle, littéraire, pour la forme courante: cela me fait tort de...

26. le pis est, *the worst is.* **Le pis,** superlatif de l'adverbe **mal.**

Page 9. 1. en y regardant bien *ou* en y réfléchissant bien.

6. du moins me le semble-t-il, *at least it seems to me* ou il me le semble du moins. Avec **du moins, peut-être, à peine, encore,** etc., précédant le verbe, on fait généralement l'inversion du sujet.

Dites à toutes les personnes:

1. Peut-être viendrai-je. 2. Encore faudrait-il que je ne sois pas occupé. 3. A peine avais-je fini que je partis.

10. si je n'ai pas affaire à..., *if I am not dealing with...*

Idiotisme **avoir affaire à...,** *to have to deal with...*

Dites à toutes les personnes:

J'ai affaire à un cas sérieux.

14. Sauter à bas de mon lit, *to jump out of my bed.*

17. à vivre près d'une muette, j'en deviens muet, *from living with a dumb woman, I am becoming dumb.*

20. il m'arriva, *it happened to me...*

Page 10. 1. Vous n'avez pas besoin d'en dire davantage, *You do not need to say more about it* ou inutile d'en dire davantage. Idiotisme **avoir besoin de,** *to need.*

Observez, dites à haute voix:

J'ai besoin d'un crayon, prêtez-moi le vôtre, s'il vous plaît. — Voici le mien, je n'en ai pas besoin.

NOTES EXPLICATIVES

7. je tiens cette cause pour juste, *I consider this case just.*

3. l'on n'aime pas à parler...

Cet **l'** est une lettre euphonique devant **on**. Avec **aimer à + infinitif**, la préposition **à** peut s'omettre, spécialement par raison d'euphonie quand l'infinitif commence par une voyelle:

J'aime à étudier le français. *ou* J'aime étudier...

8. peut-être existe-t-il *ou* il existe peut-être (cf. *9*, 6)

20. il en va tout autrement de..., *it is quite different with ou* il en est tout autrement de...

21. C'est un jeu *ou* c'est chose très facile, *It is play.*

Page 11. 5. la maison du Dragon. Ainsi appelée à cause du dragon sculpté au fronton de cette maison.

7. couper le filet, *to cut the ligament.* Cette opération chirurgicale se fait sur certains oiseaux pour qu'ils chantent mieux ou plus tôt.

7. en un tournemain (plus correct que la forme populaire: en un tour de main), c'est-à-dire rapidement et facilement. Formé du verbe **tourner** et du substantif **main,** qui en expliquent le sens: juste le temps de tourner, de faire un mouvement de la main.

16. faire venir ce médecin, *to send for that physician.*

Faire + *un infinitif* correspond à, *to cause to...*, *order something done, to call for.*

Observez, dites à toutes les personnes — inlassablement:

1. Je ferai venir ce médecin, je le ferai venir au plus tôt.   2. Je l'ai fait venir hier.   3. Fais-le revenir aujourd'hui.

18. à votre aise *ou* comme il vous plaît *ou* comme il vous plaira.

20. **tout bien pesé** *ou* tout bien considéré *ou* après mûre réflexion.

Page 12. 1. **croyez-moi bien.** Ce **bien** est emphatique (cf. p. 8, ligne 1).

4. **vous n'aurez point à vous en repentir** *ou* vous ne le regretterez pas.

Remarquez ce verbe essentiellement pronominal et intransitif **se repentir de** (quelque chose).

Dites à toutes les personnes:

1. J'ai fait cela, mais je m'en repens. Tu as fait cela, mais... 2. J'ai fait cela, mais je m'en suis repenti(e). 3. Repens-t'en. Repentez-vous-en.

6. **Revenez tantôt.** *Come back soon.* Tantôt est relatif au futur ou au passé récent:

Il est venu tantôt, mais il reviendra tantôt.

Scène II

11. **en train de culbuter,** *busy jostling.*

En train de + *infinitif* marque l'action comme progressive, se faisant au moment dont on parle.

Dites: 1. Je suis en train de lire cette pièce; je suis en train de la lire. 2. J'étais en train de la lire quand vous êtes arrivé. 3. Je serai en train de la lire quand vous entrerez.

15. **Me** (te, le nous, vous, les) **voici,** *Here I am* (etc.).

16. **va de ce pas** *ou* va immédiatement, va tout de suite.

Page 13. 4. **tu n'as pas ton pareil** (ta pareille) **pour,** *you have no equal for* ...

NOTES EXPLICATIVES

4. ferrer la mule. Expression figurée pour: tirer des profits ou des avantages illicites. Ici: courir les rues, vagabonder, perdre son temps.

16. fine ou spirituelle, pleine d'esprit. Dans le sens de *witty*.

19. il faut que les mots y jouent. *The expression must be witty.*

Remarquez l'ironie de l'auteur: certains juges étant plus préoccupés de briller que de bien juger.

Page 14. 5. m'amour (féminin) avec élision de **ma** en **m'** pour, en grammaire moderne, **mon amour** parce que, dans l'ancienne langue, **amour** était féminin; il l'est resté d'ailleurs en poésie, dans le style élevé, dans le langage populaire: « Tout ça ne vaut pas l'amour, la belle amour... » (*Chanson populaire*).

Dans l'ancienne langue *ma* était sujet à l'élision et c'est par ignorance qu'avec le mot *amie* (f.) on a écrit *ma mie* au lieu de *m'amie*.

8. au dire des... Formé de l'infinitif **dire** employé substantivement; plus court et élégant que: d'après ce que disent les...

Du bon cresson de fontaine, la santé du corps! *Good water-cress, for your health.* (Cf. note p. 4, l. 7).

Remarquez ce **du** pour **de** devant un nom partitif précédé d'un adjectif. Il marque l'emphase, l'adjectif semble perdre alors sa qualité d'adjectif et former avec le nom une sorte de nom composé sans trait-d'union, un nom *spécifique*. De nos jours on dit encore: dans la langue courante: du bon pain, du bon vin, du bon tabac, etc.

à six liards la botte; *six « liards » a bunch.*

Le liard, ancienne pièce de monnaie en cuivre, valait le quart du sou.

Chandoile de coton qui plus ard clair que nulle étoile!... *Candle that burns brighter than any star.*

Chandoile vieux français chandelle (*candle*). *Ard* de l'ancien verbe *ardre* ou *arder* qui signifie brûler et, par extension de sens, briller. Mots de la même famille: ardent, ardeur: un feu, un soleil ardents.

Page 15. 5. sans vous faire de mal, *without hurting you.* Faire du mal, *to hurt.* Dans **sans vous faire de mal**, le sens est négatif, par conséquent **de** au lieu de **du**.

Dites à toutes les personnes:

1. Je lui ai fait du mal. 2. Je ne lui ai pas fait de mal. 3. Il fera cette opération sans vous faire de mal.

en chantant la bourrée sur sa musette, *playing the reel on his bagpipes.*

La bourrée est un air de danse de la province d'Auvergne.

10. **l'poisson.** Élision populaire pour **le poisson.**

12. **La déra.** Syllabes pour la rime et formant onomatopée.

Page 16. Catherine se met à danser, *Catherine begins to dance.*

Idiotisme **se mettre à** + *un infinitif, to begin to, start* ...

Dites à toutes les personnes:

1. Je me mets à danser. 2. Mets-toi à danser. 3. Je me suis mis(e) à danser.

15. **depuis que vous êtes descendue,** *since you came down.* En français, avec *depuis* à quels temps met-on le verbe ou l'auxiliaire des temps composés?

NOTES EXPLICATIVES

16. J'ai envoyé au pilori quatorze hommes, *I have sent fourteen men to the pillory.*

Le pilori était une sorte de potence ou de tour où l'on exposait publiquement les condamnés à mort.

24. puis-je me défendre d'en ressentir quelque orgueil? *how can I keep from feeling a certain pride?*

Remarquez ces formes: **se défendre de** + *infinitif*, **s'empêcher de** + *infinitif*, *to keep from, refrain from.*

Dites à toutes les personnes, à haute voix et inlassablement:

Comment me défendre d'en ressentir quelque orgueil? *ou* Comment m'empêcher d'en ressentir quelque orgueil?

Page 17. 7. un lieu de refuge *ou* un asile.

Ramonez vos cheminées, *Have your chimneys swept.*
Forme elliptique pour **faites ramoner** vos cheminées. Cf. p. 11 l. 16.

la Faculté. Car les personnages qui arrivent sont de la faculté de médecine. *La Faculté* (avec une majuscule) = les médecins.

Catherine se sauve par l'escalier, *Catherine runs away up the stairs.*

Forme réfléchie idiomatique **se sauver,** *to run away.*

Dites: 1. Il est l'heure, je me sauve. Tu te sauves, etc. 2. Sauve-toi vite. 3. Il était l'heure, je me suis sauvé(e) par l'escalier intérieur.

Scène III

14. que vous avez fait appeler, *whom you sent for.*
Idiomatique **faire appeler,** *to call for* (Cf. p. 11 l. 16).

Dites: 1. Je fais appeler le docteur, je le fais appeler par Alice. Tu... 2. Fais appeler le docteur, fais-le appeler par Alice. 3. J'ai fait appeler le docteur, je l'ai fait appeler par Alice.

Page 18. 6. Il faut un apothicaire pour faire parler une muette ? *Do you need an apothecary to make a mute speak?* Falloir, dans le sens de *to need*.

Cette question de Léonard parce que, comme vous le savez, l'apothicaire ne s'occupait pas précisément des opérations chirurgicales. Dans les réponses qui suivent, maîtres Simon et Jean essayent, selon la médecine scolastique, d'en justifier la nécessité par « les relations des organes entre eux » et « les règles d'une savante *physique* »; ils ne parlent pas, bien entendu, de l'esprit corporatif de ces messieurs, les engageant à de réciproques politesses — comme le montre d'ailleurs la tirade dithyrambique qui suit.

une voix de Stentor, *a Stentorian voice.*

Stentor, est le nom d'un ancien guerrier grec doué d'une très grande force et d'une puissante voix.

Page 19. s'inclinant légèrement, *bowing slightly.*

2. **Vous êtes trop obligeant...** Rendez par: *Very kind of you...*

Trop dans le sens de *très* (*very much*); **obligeant,** sens de *aimable, serviable.*

10. **J'ordonne, maître Simon exécute.** Remarquez cet apparat hiérarchique, protocolaire, des chirurgiens d'alors, qu'Anatole France ridiculise.

Page 20. 1. Vous n'allez point vous servir de tout cela ? *you are not going to use all of that?*

Forme réfléchie: se servir de, *to use, employ, make use of.*

Dites: 1. Je me sers de son crayon, je m'en sers. Tu... 2. Sers-toi de son crayon, sers-t'en. Servons-nous-en. 3. Je me suis servi(e) de son crayon, je m'en suis servi(e).

7. **Vous êtes trop honnête;** sens de: Vous êtes bien aimable. *It's very kind of you.*

qui se verse un rouge bord, *who pours out for himself a full glass of red wine.*

16. **on s'y trompe toujours,** *you always confuse them.*

Parce que ces messieurs apothicaires allaient chez leurs malades, solennellement montés sur leur inséparable mule. Idiotisme **se tromper à.**

Page 21. 1. **à votre santé !** *your health!*

4. **De quelque côté qu'elle se tourne,** *Whatever side she turns.*

Cette locution vague **quelque... que** demande le verbe au subjonctif.

Dites à toutes les personnes:

De quelque côté que je me tourne, je ne vois rien.

5. **de riches appas.** Ici, riches appas, dans le sens de: formes agréables et tentantes.

6. **N'êtes-vous pas glorieuse, ma fille...?** *Are you not vain, my child...?*

Glorieuse, dans le sens de *fière,* mais plus de la langue de l'époque; *ma fille,* dans le sens de *mon enfant. Si bien faite,* si belle fille, (*so pretty a girl.*)

13. **gratis pro Deo,** (latin), *free of charge; sans rien payer, pour rien,* gratis, gratuitement pour l'amour de Dieu.

15. **nous sommes au complet** *ou* tout le monde est ici, tout le monde est arrivé.

Page 22. 1. **à vous l'honneur** (sous-entendu ici **de passer le premier**), *the honor is for you.*

3. ... **l'honneur est de marcher derrière,** *the honor is in coming last.* Comme dans une procession où le principal dignitaire vient à la fin du cortège.

les montées *ou* les degrés, les marches, *the steps.*

11. **quitt'rons** pour *quitterons;* **Que d'se** pour *que de se.*

Élision orale de **e,** en parlant couramment ou pour appliquer les paroles à la musique.

ACTE II

Scène I

Page 23. 1. **Comment vous portez-vous? — De mon mieux.** *How are you? — Never better.*

Page 24. 10. **la fleur de la Faculté de médecine,** *the flower of the Faculty of Medicine.*

12. **que m'est venu ce tracas,** *that this trouble has come to me.*

Remarquez que, souvent, l'inversion du sujet est déterminé par l'harmonie de la phrase. Tracas, ici en fin de la phrase, sonne bien à l'oreille; mieux que: ce tracas m'est venu.

13. **Que voulez-vous dire?** *What do you mean?*

Idiotisme: **vouloir dire.**

Répétez: 1. Je veux dire que ce passage est difficile. Tu... 2. Que veut dire cette phrase? — Elle veut dire:

Page 25. 2. **l'essentiel est qu'elle a parlé,** *the main thing is that she has spoken.*

L'indicatif, non le subjonctif, car c'est un fait indubitable, constaté.

5. **mon gros chat.** Rendez par *my dear, my darling* ces appellations d'intimité familiale ou amoureuse comme: mon gros chien, mon gros (ou petit) loup, mon petit chou, etc., et plusieurs autres, empruntées pour la plupart au règne animal ou au jardin potager.

14. **madame votre épouse,** monsieur votre père, etc. — cérémonieux pour: votre épouse, votre père, etc.

15. **Si fait!** *ou* Que si! Que oui! Oui, certes! *Yes, indeed!*

Page 26. 4. **Où prenez-vous cela?** Sens de: Qu'est-ce qui vous porte à croire cela?

10. **d'emblée** *ou* du premier coup, *at the start.*

18. **vous n'aurez point affaire à des ingrats.** Cf. note, p. 9, l. 10.

Scène II

Page 28. 3. **J'instruis une affaire,** *I am examining a judicial case.*

12. **C'est cela** *ou* Très bien! A la bonne heure! *That's it! Very well!*

15. **séant,** *becoming.* Participe présent du verbe défectif **seoir,** *to be becoming; to be proper:*

Cette robe vous est très séante, mademoiselle (*becoming*). Monsieur, il n'est pas séant (*proper*) de garder votre chapeau sur la tête.

16. **à la turque,** *in the Turkish fashion.*

Page 29. 2. **le satin à fleurs,** *the flowered satin.*

7. **malséant,** *improper,* contraire de *bienséant.*

7. **d'outrer l'ampleur de vertugadin,** *to exaggerate the fulness of the hoop-skirt.* Le vertugadin est le bourrelet que l'on portait sous la jupe pour la faire bouffer; ce mot désigne aussi la jupe bouffante elle-même.

9. **l'on ne doit pas lésiner sur le tour de jupe,** *you should not skimp on the width of the skirt.* Lésiner, *to be stingy* (*as a miser*).

10. **voudriez-vous que je pusse cacher...?** *Would you have me be able to hide...?*

Justifiez **pusse,** imparfait du subjonctif de **pouvoir.** Remarquez que l'auteur, en dépit des tolérances grammaticales modernes, reste fidèle à la syntaxe classique.

12. **Cette mode tombera** ou cette mode passera. *That fashion will not last.*

12. **il viendra un jour** ou un jour viendra, *a day will come.*

13. **les dames de qualité,** *ladies of quality.*

— **de qualité,** appliqué aux personnes, désignait celles appartenant à la noblesse, à l'aristocratie.

18. **la vraie élégante se voit à la chaussure,** *you can tell the truly elegant woman by the shoe.*

L'adjectif *élégante* est ici employé substantivement. *Se voit* sens de *se reconnaît* (= est reconnue).

Page 30. 4. **la dite demoiselle,** *the aforesaid young lady.*

Ledit, la dite, expressions de contrats, d'actes judiciaires.

NOTES EXPLICATIVES

5. a dérobé à la dite demoiselle son... *has deprived the aforesaid young lady of her...*

7. s'il en faut croire, *if we are to believe.* *S'il faut en croire* est une construction plus moderne.

7. la présidente de Montbadon. La femme du président de Montbadon.

10. le commerce, dans le sens de *la compagnie la fréquentation* mais mieux en rapport avec l'idée exprimée ici.

12. les filles honnêtes restent en friche, *modest girls are neglected* (= les filles honnêtes sont délaissées). Au sens propre, *rester en friche* se dit d'une terre abandonnée à elle-même, qu'on ne cultive pas.

14. ma mie. Cf. note, p. 14, l. 10.

14. consentez à vous taire. Rendez par: *please keep silent.* **Se taire** (forme pronominale du verbe **taire**), *to keep silent.*

Dites aux diverses personnes:

1. Je ne parle plus, je me tais. 2. Ne parle plus, tais-toi. 3. Je n'ai plus dit un mot, je me suis tu(e).

Page 31. 1. à la bonne heure! Expression de satisfaction: *Fine! Very well! All right!*

2. tant en fauchées de pré qu'en hottes de pommes, *in mowings of the meadow as well as in baskets of apples.* Remarquez: **tant en..., qu'en,...**

Dites: Je fais des progrès, **tant en** français **qu'en** latin. Tu... *ou* Je fais des progrès, **aussi bien** en français qu'en latin.

7. la lésine. Substantif correspondant au verbe lésiner, *to skimp.* Cf. note, p. 29, l. 9.

9. des plats qu'on remporte tout garnis à l'office, *courses that are taken back untouched to the pantry.*

8. que sert de... ** *ou* **à quoi bon..., *what is the use (good) of...*

11. le marché aux herbes ou de nos jours: le marché aux légumes, *the vegetable market.*

14. le traiteur *ou restaurateur.*

17. vous verrez qu'on y viendra, *you will see that they will come around to it.*

Idiotisme: **venir à..., y venir,** *to make up one's mind to it,* c'est-à-dire reconnaître la vérité ou la nécessité de quelque chose, se rendre à la raison de cette chose.

Dites: Vous n'admettez pas cela? vous y viendrez, allez.

(Cet *allez* est emphatique, sens de *be sure, indeed.*)

17. C'est qu'un chapon, *It is because a capon.*

Un chapon est un jeune coq que l'on engraisse par un procédé spécial. **C'est que,** pour **c'est parce que.**

23. notre ordinaire, *our everyday fare.* Pour: notre repas de tous les jours, notre repas de famille.

Page 32. 3. un dîner prié, *a company dinner.* Un dîner prié est celui auquel on est prié ou invité par invitation cérémonieuse.

13. De grâce ! Rendez ici par: *Please!*

16. traiter un parent, *to entertain a relative.*

16. se contenter de, *to be satisfied with.* Je me contente de cela, je m'en contente.

Page 33. 9. Puissiez-vous faire ce que vous dites! *Could you only do what you say.*

Subjonctif de *pouvoir,* exprimant un souhait.

11. **A merveille !** *ou* à la bonne heure ! Parfait !

Page 34. 4. **Item,** latin; en français: en outre, de plus, *moreover*.

4. **cent vingt livres de rentes,** *one hundred and twenty francs of income.* La livre est une ancienne pièce de monnaie française dont la valeur a varié. De nos jours, livre est synonyme de franc.

8. **crier au feu,** *to shout "fire!"*

9. **peut-être me serai-je trompée,** *perhaps I am mistaken.*

9. **Se tromper,** forme réfléchie, *to be mistaken.*

Dites: 1. Je fais erreur, je me trompe. Tu... 2. Ne fais pas erreur, ne te trompe pas. 3. J'ai fait erreur, je me suis trompé(e).

9. **Y a-t-il rien d'effrayant comme un incendie,** *Is there anything as frightful as a fire?*

Avec un pronom indéfini (rien, quelque chose, aucun, etc.) suivi d'un adjectif ou d'un participe employé adjectivement, le français emploie **de** idiomatique.

Dites à toutes les personnes:

J'ai quelque chose **de** beau à lui montrer.

Des livres ? Je n'en ai aucun **d'**intéressant.

Rien de nouveau ? — Non, je ne vois rien **de** nouveau.

13. **le Pont-au-Change.** L'un des ponts reliant l'île de la Cité au reste de Paris.

20. **Je n'en puis plus,** *I am exhausted, I can no longer endure it.*

Idiotisme: **n'en pouvoir plus,** *to be exhausted.*

Dites: Quel travail ! 1. Je n'en puis (*ou* peux) plus. Tu... 2. Je n'en pourrai plus. 3. Je n'en pouvais plus.

Page 35. 2. **vous auriez tort de...,** *you would be wrong to...*

Idiotisme **avoir tort,** *to be wrong.* Contraire: **avoir raison.**

Dites: 1. J'ai tort, il a raison. Tu as...
2. J'ai tort de faire cela, je n'ai pas raison de le faire.

5. **Ne vous fâchez pas,** *Don't get angry or excited.*

Se fâcher, *to get angry*, forme réfléchi de **fâcher.**

Dites: 1. Je le fâche et alors je me fâche moi-même. Tu le... 2. Je l'ai fâché(e) et alors je me suis moi-même fâché(e). 3. Ne te fâche pas. Ne...

7. **Le ciel le veuille,** *May God grant it.* Subjonctif exprimant un souhait.

11. **un manteau puce,** *a dark brown cloak.* Pluriel: des manteaux puce. C'est-à-dire des manteaux couleur de l'insecte appelé puce (= *flea*). En raison de cette ellipse, lorsque le mot désignant la couleur est un substantif (comme *orange, abricot, brique,* etc.), il reste invariable.

13. **plus sec qu'un hareng saur,** *leaner than a smoked herring.*

14. **elle a l'air...,** *she seems...* Idiotisme: **avoir l'air,** *to seem, look:* Vous avez l'air bien malade, mon cher ami.

faire visite *ou* faire une visite, *to pay a visit.*

Dites: Aujourd'hui je ferai une visite à mes amis. Tu...

15. **Dépêchez-vous (de)...** *Hasten to, hurry up*

Idiotisme **se dépêcher de,** *to hurry to.*

Dites: 1. Je me dépêche de finir mon exercice. Tu... 2. Je me suis dépêché(e) de le finir. Tu... 3. Dépêche-toi de finir le tien...

NOTES EXPLICATIVES

Page 36. 1. **Quand j'y songe,** *When I think of it.* **Songer à,** *to think of.*

Dites: 1. Je n'ai pas encore préparé ma leçon mais je songe à la préparer, j'y songe sérieusement. Tu ... 2. Songe à préparer le tienne, songes-y.

Dans les phrases précédentes, remplacez **songer à** *par* **penser à.**

Observez, répétez, donnez l'anglais:

Que **pensez**-vous **de** cette comédie? — Elle est très amusante. — Et vous qu'**en** pensez-vous?

4. **Est-ce que vous auriez été content que madame de la Bruine nous fît une visite?** *Would you have been glad to have Madame de la Bruine make us a visit?*

L'imparfait du subjonctif **fît,** car la visite de cette dame était alors future relativement au moment dont on parle.

10. **Quelle claquette!** *What a chatter-box!*

Remarquez le pittoresque et la sonorité de ce mot. Au sens propre, une claquette (*aussi* un claquoir) désigne deux petits planches de bois assemblées en forme de livre et servant, à l'église, à donner le signal de certains exercices.

il tâche d'écrire, *he tries to write.* **tâcher de ...,** *to try to.*

Dites: 1. Je tâche de réussir.   2. Tâche de venir. 3. Je tâcherai de venir.   4. J'ai tâché de venir hier mais je n'ai pas pu venir.

22. **de la marée** *ou* du poisson de mer, *salt water fish.*

22. **un pain de sucre,** *a cake of sugar.*

23. **elle se garde bien de dire,** *she is careful not to say.*

Idiotisme: **se garder de** + inf., *to take care not to ..., be careful not to ...*

Dites: 1. Je me garde (bien) de faire cela, je m'en garde bien. Tu... 2. Garde-toi bien de faire cela, garde-t'en bien.... 3. Je me suis bien gardé(e) de le faire, je m'en suis bien gardé(e).

26. **deux cornes,** *two horns.* En France, les cornes sont le symbole du mari ridiculisé par sa femme.

Page 37. 9. **les clercs du palais (de justice,** sous-entendu), *the clerks of the law court.*

On appelle clerc l'employé attaché à l'étude (= *office*) d'un homme de loi, notaire, avoué, avocat, etc.

10. **veulent passer pour des gentilshommes,** *wish to be taken for gentlemen.* Un **gentilhomme** est un homme de la noblesse:

Il passe pour un savant, mais il est un pur ignorant.

15. **je ne réponds plus de moi,** *I no longer answer for myself.*

22. **bien autrement nécessaire** *ou* beaucoup plus nécessaire, *far more necessary.*

Page 38. 4. **échauffé.** Ici, sens de: surexcité, impatient, agité.

9. **Non omnia possumus omnes.** Latin: Nul ne peut tout savoir, *ou* Personne n'est universel.

9. **Il appartient aux Suisses de vider les pots,** *It is the part of the Swiss to empty jugs.* **Appartenir,** à dans le sens de: être le rôle de, être le trait caracteristique de.

Les Suisses, qui alors s'engageaient dans les armées comme mercenaires avaient une réputation de grands buveurs ou videurs de pots.

10. **auner du ruban,** *to measure ribbon.* C'est-à-dire le

NOTES EXPLICATIVES

mesurer avec une *aune*, ancienne mesure de longueur équivalant à 1 mètre 188 millimètres.

12. **caqueter à double râtée,** *to cackle madly.*

Caqueter est le verbe désignant le cri de la poule qui va pondre son œuf.

13. **se repentir de,** *to regret.*

Dites: Je me repens de cela, je m'en repens sincèrement.

Il prend à brassées, *ou* il prend à pleins bras, *he takes in armloads.* Une brass**ée** est la quantité qu'on peut prendre entre les bras. (Une assiett**ée**, celle que contient une assiette, etc. Remarquez le sens de ce suffixe - **ée.**

se réfugier, *to take refuge.* Verbe réfléchi.

Dites: Il pleuvait, je me suis réfugié(e) sous un arbre. Tu. .

23. **Au secours !** *Help!* **Au meurtre !** *ou* **à l'assassin !** *Murder!* **Au feu !** *Fire!*

Page 39. 3. **Quelle vie !** — *Vie*, ici dans le sens de *bruit, tapage* (= *noise*). *What a noise!*

8. **à quelles extrémités je me porterais sur elle,** *to what lengths I will be driven against her.*

Remarquez: se porter à des extrémités sur quelqu'un.

Scène III

13. **Souffrez, monsieur, que . . .** *ou* **Permettez, monsieur, que . . .** *Allow me, sir, to . . .*

Page 40. 3. **. . . en échange, une sentence favorable.** (Vous remarquez l'ironie, n'est-ce pas, de ce passage et de ceux qui suivent.)

8. **je m'en réfère à...** *ou* je m'en rapporte à, je m'en remets à, *I rely on*...

Dites: 1. Je m'en réfère à vous. Je m'en rapporte à vous. Je m'en remets à vous. 2. Référez-vous-en à moi. Etc.

9. **à ce que vient de dire mon avocat** *ou* à ce que mon avocat vient de dire, *on what my lawyer has just said.*

ce que = *what* (as object); **ce qui** = *what* (as subject).

venir de + *inf.* exprime le passé récent; *to have just*...

Dites: Ce que je dis est très juste et très vrai.

Ce qui m'intéresse le plus ne l'intéresse pas.

Ce que je viens de dire ne l'intéresse pas.

12. **Cette orpheline est touchante,** *this orphan is touching.*

Touchante dans le sens de *attendrissante*, qui excite la pitié ou la sympathie.

Page 41. 4. **attendu que,** *inasmuch as.*

6. **dolosivement,** frauduleusement, par fraude, *dishonestly, lawlessly.*

15. **m'a mis la cervelle au pilon.** Rendez par *has been pounding my brain.* Le pittoresque de l'expression vient du sens propre de pilon (= *pestle*).

Page 42. 1. **y regarder à deux fois,** *to think about it twice.*

Dites: 1. La chose est importante, j'y regarde à deux fois. Tu... 2. Regardes-y à deux fois. 3. J'y ai regardé à deux fois avant de rien décider.

6. **je compte bien que** *ou* j'espère bien que, *I hope very much that*...

Dites: Je l'ai invité, je compte bien qu'il viendra. Tu...

Scène IV

deux petits garçons apothicaires, *two young apothecary's assistants.*

Garçon dans le sens de *aide* (*assistant*). Nous disons: un garçon de restaurant (= *waiter*), etc.

13. **les chambrières, troussant leur cotillon,** *the chamber-maids tucking up their petticoats.* Pour *chambrière* on dit aussi, en français courant, *femme de chambre.*

(Remarquez cette parade de l'apothicaire sur sa mule, la simplicité et l'harmonie de ce style évocateur.)

Page 43. 6. j'avais hâte de vous voir, *I was in a hurry to see you.*

Page 44. 3. Pour me la faire redevenir muette, *To make her dumb again for me.*

13. **nous n'en avons pas pour les faire taire,** *we have none to make them keep silent.* Cf. note, p. 30, l. 14 et remarquez qu'ici **taire** n'est pas réfléchi à cause de **faire** + *inf.*

Dites: 1. Il parle trop, je le fais taire. Tu... 2. Fais-le taire,... 3. Je parlais trop, il m'a fait taire; je me suis tu(e).

Page 45. 1. il n'est élixir, baume, etc. *There is no elixir, balm, etc.*

Il n'est pour *il n'existe pas* ou *il n'y a pas.*

6. **Dioscorides.** Fameux médecin grec du premier siècle de notre ère; l'une des grandes autorités de la médecine moyenâgeuse.

11. **Si vous ne voulez pas que je me noie,** *If you do not wish me to drown myself*.

Du verbe **noyer** sous la forme réfléchie **se noyer**.

Dites: 1. Au secours ! je me noie dans cette rivière. Tu... 2. Je me noierais dans cette rivière, si je ne savais pas nager. 3. Elles se sont noyées dans ce lac, elles ne savaient pas nager.

Page 46. 1. **à babillage de femme, il est un remède unique,** *For the talkativeness of women there is only one remedy*. Avec omission de l'article (pour: **au** babillage de **la** femme), dans les phrases sentencieuses ou dites d'un ton sentencieux.

9. **tout de bon,** ici, sens de: réellement, tout à fait.

12. **la cophose.** Du grec, terme technique pour **la surdité,** *deafness*.

Remarquez la prédilection de ce professionnel pour les termes techniques.

Page 47. 6. **je suis du Palais** (de justice). *I belong to the law court*. (Par conséquent il doit être bien informé).

Page 48. 1. **Il se peut** *ou* il est possible — formes impersonnelles.

Dites: 1. Il se peut que je parte ce soir..... que tu... *ou* Il est possible que je parte ce soir. 2. Partirez-vous ce soir ? — Il se peut.

13. **il vaut bien mieux...** *ou* il est bien préférable de, *it is far better to*.

Dites: Il vaut mieux se taire que trop parler. *ou* Il est préférable de se taire que de trop parler.

16. **une pincée,** *a pinch*. Pour le suffixe **-ée,** cf. note, p. 38, l. 10.

17. aussi sourd qu'un pot *ou* sourd comme un pot, *as deaf as a post.*

Page 49. 5. un spectacle bien fait pour porter la douleur dans l'âme, *a spectacle such as brings grief to the soul.*

10. se dérobe aux soins *ou* refuser les soins, *to flee from the care.*

Idiotisme: se dérober à (quelque chose), *to flee from.* ...

Dites: Je me suis dérobé(e) aux conseils qu'il voulait me donner. Tu ...

Ne confondez pas la forme réfléchie de ce verbe avec la forme ordinaire **dérober,** *to steal* (= voler, prendre).

Dites: J'ai dérobé (j'ai pris, j'ai volé) dix francs à cet homme.

15. qui vous garde d'un plus grand mal *ou* qui vous préserve d'un plus grand mal, *which preserves you from a greater evil.*

Scène V

Page 50. dévalant l'escalier *ou* descendant l'escalier, dégringolant l'escalier (des verbes dévaler, dégringoler), *to rush down the stairs.*

2. Je n'y puis tenir *ou* je n'en puis (peux) plus, *I no longer can endure it.*

Dites: Quelle chaleur ici ! je n'y puis tenir. Tu ... *ou* Quelle chaleur ici ! je n'en peux plus. Tu ...

8. Qu'on l'enferme ! Équivalent à l'impératif: Enfermez-la, Faites-la enfermer. *Have her shut up.*

10. l'âme si noire. Au figuré, *noire* pour cruelle, mauvaise, méchante (= *wicked*).

12. Je suis votre servante, messieurs. Ancienne

formule de politesse. Rendez par: *I am at your service, sirs.*

Page 51. 1. **Je vous en suis fort obligée,** *I am very grateful to you (for it).*

Idiotisme: être fort obligé de (quelque chose) *ou* être très reconnaissant de, avoir (ou savoir) beaucoup de gré de, *to be very grateful for.*

Dites: Il nous a rendu un grand service, je lui en suis très obligé(e). Tu lui en es... *ou* je lui en suis très reconnaissant(e). Tu... *ou* je lui en ai (*ou* sais) beaucoup de gré. Tu lui en as...

12. **prévenu contre moi,** *prejudiced against me.*

16. **à la fleur de ses ans** *ou* dès son jeune âge, jeune, *in the bloom of his youth.*

16. **ses père et mère** pour: **son** père et **sa** mère.

18. **je ne lui adressais autant dire pas la parole,** *I could say that I did not address him a word.*

20. **s'en plaindre,** *to complain about it.*

Remarquez: **plaindre,** *to pity;* **se plaindre de,** *to complain about.*

Dites: 1. Il est muet, je le plains. Tu... 2. Cela n'est pas juste, je m'en plaindrai à sa mère. Tu... 3. Est-elle sérieusement malade? — Elle s'est plainte d'un grand mal de tête.

25. **ce prétexte n'est pas soutenable,** *this pretext is not valid (or tenable).*

Page 52. 2. **je ferai en sorte...,** *I shall do so as...*

Idiotisme: faire en sorte de (*ou* que).

Dites: 1. Je ferai en sorte qu'il soit satisfait. Tu... 2. Fais en sorte qu'il soit satisfait. 3. J'ai fait en sorte qu'il soit satisfait. Ai-je réussi?

NOTES EXPLICATIVES

4. j'ai à cœur de vous éviter..., *I am anxious to spare you.*

Idiotisme: avoir à cœur de..., *to be anxious to...*

Dites: J'ai à cœur de faire beaucoup de progrès en français. Tu...

20. même à bon escient. Ici: même sachant bien que c'est dans un bon motif, *even knowing well that it is for a good purpose.*

Page 53. 8. Voilà qui est fait, *it is done now.*

10. Faites entendre raison à mon mari, *make my husband listen to reason.*

Dites: Il ne voulait rien savoir à ce sujet, mais je lui ai fait entendre raison.

13. on ne jette pas des sacs... Des (non de) car ici il est question d'un fait que la parenthèse confirme.

18. vous ai-je manqué en quelque chose? *ou* vous ai-je manqué d'égards en quelque chose? ai-je manqué aux devoirs (égards), que je vous dois? vous ai-je offensé? *Have I been wanting in anything toward you?*

Dites: 1. Je lui ai manqué de respect. Tu... 2. Je lui ai manqué d'égards; je l'ai offensé.

Page 54. Il se tourne les pouces, *he twiddles his thumbs.*

Dites: Plus rien à faire ! Je me tourne les pouces. Tu... Je me suis tourné les pouces. Tu...

15. il ne saurait vous écouter, *He could not listen to you.*

Remarquez ce conditionnel de *savoir*, employé ici dans le sens de **pouvoir.**

Page 55. 4. vous n'en ferez rien. Ici sens de: vous ne ferez pas cela, *you will not do that.*

6. **ma moitié.** Rendez par *my better half.*

Littéralement « ma moitié » signifie *the half part of myself.* Cette expression est *populairement* employée pour: *mon mari* ou *ma femme*, mais elle n'est pas distinguée.

7. **Olibrius.** Gouverner de la Gaule romaine (l'ancienne France), au cinquième siècle. Ce nom est resté synonyme de: pédant, vaniteux, fanfaron, bravache.

8. **Barbe-Bleue,** *Blue-Beard.* Synonyme de mari cruel: d'après le conte il tua six de ses femmes.

8. **cornard.** Formé du substantif corne, *horn* (Cf. note, p. 36, l. 21). Rendez par *cuckold.*

Page 56. 4. **nous donnant le bras,** *arm in arm.*

Se donner le bras (forme réciproque), *ou* aller bras-dessus, bras-dessous.

EXERCICES D'ASSIMILATION

Exercice I. (Pages 1 à 4, ligne 3.)

Chaque fois que l'occasion s'en présente, rappelez dans votre réponse l'expression idiomatique du texte et remplacez par un pronom le nom mentionné dans la question.

Conversation.

1. Que représente la scène du premier acte? 2. Qu'y a-t-il à gauche? 3. Aperçoit-on le Pont-Neuf? 4. Quand l'aperçoit-on? 5. Qu'y a-t-il à droite? 6. Sur quoi donne-t-elle? 7. Qu'est-ce qui pend aux murs? — Ce sont... 8. Parlez de ces vastes armoires? 9. Parlez de l'échelle qu'on voit sur la scène. — C'est une échelle... 10. Y a-t-il une table? Quelle sorte de table? 11. Et les fauteuils? — Ce sont... 12. Au début de la première scène, à quoi Gilles est-il occupé? 13. Que fait-il dès qu'il voit entrer Alizon? 14. Que dit Alizon de la salle où elle vient d'entrer? 15. Donnez deux expressions synonymes de « petite oie » — au sens figuré? 16. Pourquoi Gilles dit-il à Alizon qu'il ne songe pas à la « plumer »? 17. Comment met-elle fin à ce dialogue? 18. Où se sauve-t-elle?

A. — Observez: répétez a haute voix ces phrases pratiques:

1. Quand la porte *s'est ouverte*, j'ai aperçu la servante dans la cuisine. 2. Où donne cette porte? — *Elle donne*

sur le pont.   3. Regardez ces vastes armoires remplies de livres, *qui se dressent contre* les murs.   4. Voici *une échelle double*, un fauteuil *à* roulettes, une table *à* écrire et des fauteuils *de* tapisseries.   5. Qu'est-ce que vous faites Alice ? — Je suis occupée *à* écrire et *à* — bâiller !   6. On n'est pas chez soi dans cette salle *ouverte à tout venant*.   7. Intelligente, mademoiselle Dulac ? — Oh ! non alors.   C'est *une* vraie *petite oie;* ce n'est pas moi qui *songerai* à l'inviter; *elle n'en vaut pas la peine*.   8. Où est-elle donc maintenant ? — *Elle s'est sauvée* dans la salle à manger.

B. — Version écrite (ou orale) de A.

C. — Thème oral et spontané de votre version écrite en B (en ne vous servant que de cette version écrite et corrigée.

(Au lieu de faire ce thème oralement on pourra le faire par écrit au tableau.)

Composition originale et pratique sur le passage désigné en I ci-dessus.

Directions. — Racontez librement, à votre manière, le passage indiqué pour cet exercice I. Vous pouvez vous aider d'une liste d'expressions et de formes courantes, idomatiques, établie par vous, puisées dans le texte et les notes explicatives. Passez les expressions peu pratiques et les formes par trop archaïques, s'il en est dans ce passage. Ne craignez pas d'y mêler vos réflexions personnelles. Avant de développer faites un plan des idées et, parallèlement, des formes et expressions que vous désirez rappeler.

EXERCICE II. (Page 4, ligne 3, à page 6, ligne 13.)

CONVERSATION. — 1. Maître Adam que dit-il en entrant chez le juge? 2. Qu'est-ce que Gilles lui répond? 3. Pourquoi maître Adam vient-il chez le juge? 4. Qu'est-ce qu'on entend alors du dehors? 5. Où Gilles se retire-t-il quand il entend son maître descendre l'escalier? 6. En quels termes maître Adam salue-t-il son ancien condisciple? 7. Dans le salut de Léonard, modernisez « le long temps » par l'expression équivalente. 8. Au lieu de « Fort bien », que peut-on aussi dire? 9. Par quelle expression figurée Léonard manifeste-t-il sa surprise de voir maître Adam? 10. Que lui répond ce dernier? — Il lui répond qu'il... 11. Remplacez la forme impersonnelle « vous souvient-il du temps... » par deux autres formes équivalentes. 12. Remplacez aussi par une forme équivalente: J'ai *étudié le droit* à l'université du Wisconsin. 13. Agréable, n'est-ce pas, leur façon à tous deux d'étudier le droit; dites pourquoi. 14. Léonard a-t-il déjà rendu jugement de la cause de cette orpheline? 15. Quelle question fait-il à maître Adam? 16. Pour quelle raison maître Adam dit-il qu'elle ne donne pas d'épices? 17. Mais qu'elle promesse fait-il? 18. Comment Léonard dit-il qu'il examinera l'affaire?

A. — OBSERVEZ, RÉPÉTEZ A HAUTE VOIX CES PHRASES PRATIQUES:

1. Allez, je vous prie, dire à monsieur le juge que je désirerais *l'entretenir d'une affaire*. 2. Entendez-vous cette voix *qui vient du dehors*? 3. Où est Gilles? — *Il s'est retiré dans* la cuisine. 4. Comment allez-vous, de-

puis si longtemps que je n'ai eu le plaisir de vous voir ?
— *Fort bien,* et vous, monsieur ? — Quel bon vent vous
amène ? — Je viens *tout exprès* de Boston pour vous remettre *mon mémoire.* Vous souvient-il *du* temps où nous
faisions notre droit à l'université Harvard ? (deux autres
formes.)   4. Jouez-vous du piano, cher ami ? — Non, je
ne joue pas du piano; je joue du violon.   5. Aimez-vous
le thé ? — Oui, je prends *du* thé à chaque repas.   Hier,
j'ai pris *le* thé chez madame Brown, j'étais invité.
6. Est-ce que cette affaire est décidée? — Non, elle est
encore *pendante devant* le conseil d'administration.

B. — Version écrite (ou orale) de A.

C. — thème oral et spontané de votre version écrite
en B.

Composition originale et pratique sur le passage
en II.

Exercice III.   (Page 6, ligne 13, à page 12, ligne 7.)

Conversation. — 1. Pourquoi maître Adam demande-
t-il à Léonard: « Tout va-t-il bien comme vous voulez ? »
2. Quelle est cette bonne charge dont Léonard est nanti ou
titulaire ?   3. Dans: je suis marié *depuis peu de temps* —
remplacez les mots en italique par l'expression du texte.
4. Quand dit-il qu'il s'est marié ?   5. Qui a-t-il épousé ?
6. Quelle infirmité a sa femme ?   7. Est-elle complètement muette ?   8. Est-ce que son mari s'en était
aperçu avant de se marier avec elle ? (*ou:* avant leur
mariage; *ou* avant de l'épouser).   9. Donnez deux raisons
l'ayant décidé à épouser Catherine.   10. Quel est son

idéal d'une femme de juge? 11. Quels sont, d'après lui pour un juge, les avantages d'une femme avenante? 11. Remplacez par une forme équivalente la construction impersonnelle: *il me porte* tort d'avoir une femme muette. 12. Maître Adam ne voit-il que des inconvénients au mutisme de Catherine? — Non, il y voit aussi des... 13. Léonard que se demande-t-il parfois au sujet de Catherine? 15. Que veut dire: Sauter *à bas* de mon lit? 16. A vivre près d'une muette, qu'en devient-il lui-même? 17. Que lui est-il arrivé récemment au tribunal? 18. Est-ce que Catherine est sourde aussi? 19. Où demeure ce fameux médecin dont parle maître Adam? 20. Maître Simon est-il habile à couper le filet aux Parisiennes? — Très, il fait cette opération en... 21. Léonard ne doute-t-il pas d'abord de la sincérité des paroles de maître Adam? Qu'est-ce qui le montre? Ce sont ses questions: « Vous... 22. Que lui répond maître Adam? 23. Quand dit-il qu'il fera venir ce célèbre médecin? 24. Que lui répond alors maître Adam? 25. Que lui dit-il pour l'intéresser en faveur de sa jeune orpheline? 26. Que lui répond Léonard?

A. — Observez, répétez a haute voix ces phrases pratiques:

1. Qu'est-ce que vous avez, cher ami? vous paraissez (*ou* vous avez l'air) soucieux. — Je n'ai rien, tout va bien. 2. Ne *songez*-vous point *à* vous *marier avec* (*ou* à épouser) cette demoiselle? — Non, je n'y songe pas; elle est muette comme un poisson. *Ne vous en étiez-vous pas aperçu?* 3. *Ne pensez-vous pas qu*'elle est riche et belle? — Je le pense, mais cela ne suffit pas. 4. Ce pauvre élève Robert ne fait aucun progrès; il *n'attrape jamais que* de

mauvaises notes, pas même *de quoi* pouvoir lui permettre de continuer ses cours.   5. En *y regardant bien*, il y a dans cette affaire commerciale des avantages et des inconvénients, *du moins me le semble-t-il*. En tout cas, j'*ai affaire à* d'honnêtes gens.   6. *Avez-vous besoin* d'explications pour cet exercice ? — Oui, monsieur, nous *en* avons besoin. (*Il en va tout autrement de* l'exercice B qui est très facile, c'est *un jeu* celui-là.)   7. *Faites venir* ce malade à ma clinique pour que je l'examine au plus tôt. Non, *tout bien pesé*, je passerai chez lui tantôt et je n'aurai point à *m'en repentir*.

B. — Version écrite (ou orale) de A.

C. — Thème oral et spontané de votre version écrite en B.

Composition originale et pratique sur le passage en III.

Exercice IV.   (Acte I, Scène 2)

Conversation. — 1. Où Gilles est-il quand son maître l'appelle ?   2. Qu'est-il en train d'y faire ?   3. Quel est son premier mot en arrivant ?   4. Quelle commission son maître lui donne-t-il ?   5. Quelle recommandation lui fait-il et pourquoi cette recommandation ?   6. Qu'est-ce que Gilles répond à son maître ?   7. Quelles qualités, selon Léonard, une sentence de juge doit-elle avoir pour faire honneur à son auteur ?   8. Au dire de Léonard, comment sa femme lui apparaît-elle ?   9. A quel prix est ce cresson de fontaine ? (*ou*: Quel est le prix de ce ... ?)   10. Quelle est la seule chose qui manque à

Catherine? 11. Quelle bonne nouvelle son mari lui annonce-t-il? 12. Ce médecin lui fera-t-il du mal pour lui délier la langue? 13. Que fait cet aveugle qui passe dans la rue? 14. Que dit-il d'une voix lugubre? 15. Arrivé sur le seuil de la porte, que fait-il? 16. Et Catherine que fait-elle alors? 17. Et pendant ce temps, que fait Léonard? 18. A-t-il perdu son temps depuis que Catherine est descendue. 19. De quoi, dit-il, qu'il ne peut se défendre, après sa généreuse addition? 20. Où Catherine s'est-elle assise? 21. Comment s'embrassent-ils alors? 22. Voyant venir la Faculté, que fait alors Catherine?

A. — Observez, répétez a haute voix ces phrasés pratiques:

1. Que faites-vous, Paul? — *Je suis en train* d'étudier ma leçon; j'arrive, *me voici*. 2. *Allez de ce pas* (ou tout de suite) chez Robert et dites-lui que nous partons dans cinq minutes. Ne vous amusez pas en route. — Vous me jugez mal, monsieur. — Allez, et amenez-le sans retard. 3. Cette comédie est très *fine*, n'est-ce pas? — Oui, elle est pleine d'esprit à la manière de l'auteur. 4. *Au dire de votre professeur*, vous faites beaucoup de progrès; félicitations, cher ami. 5. Cher? votre cresson, madame — Six sous *la botte*. 6. Ce dentiste est très habile, il m'a arraché une dent sans me faire *de* mal. — Pour la mienne, il m'a fait *du* mal. 7. Quand j'ai entendu la musique, *je me suis mis(e) à danser*. 8. *Depuis* quand *êtes*-vous ici? — Depuis cinq minutes. Il ne vient pas et ne *je puis m'empêcher d'en ressentir* quelque impatience. 9. Voici votre fameux médecin qui arrive, *je me sauve par* l'autre porte car je ne veux pas le voir.

B. — Version écrite (ou orale) de A.

C. — Thème oral et spontané de votre version écrite en B.

Composition originale et pratique sur le passage en IV.

Exercice V. (Acte I, Scène 3)

Conversation. — 1. Qui est-ce qui a fait appeler ce célèbre docteur ? — C'est ... qui l'a ... 2. Pourquoi a-t-il réclamé son ministère ? 3. Qui attendent-ils ? 4. Que feront-ils dès que l'apothicaire sera arrivé ? 5. Quelle remarque Léonard fait-il alors ? 6. Est-ce que cet apothicaire tardera à venir ? 7. De quelle voix maître Jean dit-il la tirade élogieuse qui suit ? 8. Que lui répond maître Simon en s'inclinant légèrement ? 9. En attendant l'apothicaire, qu'est-ce que Léonard propose à ces messieurs ? — Il leur demande s'ils ... 10. Quels instruments maître Jean a-t-il apportés ? 11. A la vue de ces instruments que lui demande Léonard ? — Il lui demande s'il ... 12. Qu'est-ce qui montre que maître Simon trouve que ce vin n'est pas mauvais ? — C'est qu'il dit à Léonard : ... 13. Que fait Gilles pendant toutes ces politesses ? 14. Se trompe-t-on souvent à l'arrivée de maître Dulaurier ? et pourquoi se trompe-t-on ? 15. En anglais, comment dit-on : à votre santé, monsieur ? 16. Pourquoi maître Simon demande-t-il à Alizon si elle n'est pas glorieuse ? — Parce qu'elle est ... (*ou* belle fille). 17. Que lui répond-elle ? 18. Qu'est-ce que maître Séraphin tient à la main en montant ? 19. Avant de monter aussi, comment Alizon remet-elle à sa place cet audacieux de Gilles ?

A. — Observez, répétez a haute voix ces phrases
pratiques:

1. Qui est-ce qui a *fait appeler* le docteur Brown? —
C'est moi que l'ai fait appeler pour ce malade. Je viendrai *en personne*, a-t-il répondu à la téléphoniste (*ou* au téléphoniste, *masc.*). — *Fort bien*, alors.   2. *J'attends mon frère; dès qu'*il *sera* venu, informez-moi.   3. Il me *faut* une grammaire pour cette règle; voulez-vous me prêter la vôtre? — Impossible pour le moment, j'*en ai besoin* moi-même.   4. *Vous servez-vous de* ce dictionnaire? — Non, je ne m'*en* sers pas; vous pouvez vous *en* servir.   5. A voir cela on croirait que c'est facile; mais on *se trompe*, c'est très difficile.   6. *De quelque côté que* nous *regardions* nous ne l'apercevons pas.   7. Je n'ai *tiré* aucun *profit de* cette entreprise, je n'*en* ai tiré aucun. Ces sortes d'entreprises *ne* rapportent *guère*.   8. Tout le monde est ici? — Oui, monsieur, *nous sommes au complet*. — En ce cas, commençons la leçon.   9. Eh bien, buvons; *à votre santé*, cher ami!   10. Passez donc, je vous prie. — Non, *à vous l'honneur*, cher monsieur. (*ou* après vous, cher monsieur).   11. Elle lui a *donné un soufflet* parce qu'il était insolent avec elle.

B. — Version écrite (ou orale) de A.

C. — Thème oral et spontané de votre version écrite en B.

Composition originale et pratique sur cette scène 3.

Exercice VI. (Acte II, Scène 1.)

Conversation. — 1. Quel est le mot, en anglais, pour: ma (mon) *pupille?* Et pour: mon *tuteur*, ma *tutrice?*

2. Par quel sentiment maître Adam dit-il « ma pupille » ?
3. Qu'est-il en réalité pour cette orpheline ? 4. A quelle condition l'épousera-t-il ? 5. Pourquoi Léonard n'a-t-il pas encore pris connaissance de ce mémoire ? 6. Qui a-t-il reçu chez lui ? 7. Catherine a-t-elle parlé après l'opération et le remède ? 8. Qu'est-ce qu'elle a dit d'abord ? 9. Qu'a-t-elle ensuite ajouté ? 10. S'est-elle arrêtée de parler ? 11. Où maître Adam dit-il qu'il prend ce « quelque chose » qui chagrine Léonard ? 12. Catherine parle-t-elle facilement à présent ? Parle-t-elle beaucoup ? Parle-t-elle trop ? 13. Qu'avoue Léonard à maître Adam ? 14. Maître Adam en avait-il eu quelque prévision ? Quand ? 15. A quoi compare-t-il ce flux de paroles ? 16. En partant, que dit-il au juge pour l'intéresser à la cause d'Ermeline ? 17. Que lui répond Léonard ?

A. — Observez, répétez a haute voix ces phrases pratiques:

1. Comment allez-vous (*ou* vous portez-vous), madame ? — Pas mal, monsieur ? — Et *madame* votre sœur ? — Je vous remercie, monsieur, elle va très bien. 2. Pourquoi avez-vous été si généreux ? — Par *pure* charité. 3. Dans cette classe de français, j'ai comme élèves *la fleur du collège;* vous êtes de mon opinion n'est-ce pas ? 4. Je ne comprends pas; que *voulez-vous dire ?* — Je dis que je ne sais pas ce que ce mot veut dire. Que veut dire ce mot ? *Il me faut* le chercher dans le dictionnaire. 5. Il est venu, n'est-ce pas ? — Oui, je l'ai vu. — L'essentiel est qu'il *est* venu. 6. Pourquoi arrivez-vous si tard ? — Parce que *je me suis arrêté(e)* chez des amis. 7. Demain nous aurons un examen de français. — *Où prenez-*

vous cela? — C'est le professeur qui nous l'a annoncé *tantôt*. 8. *J'ai affaire à* un cas sérieux, dit le médecin.

B. — Version écrite (ou orale) de A.

C. — Thème oral et spontané de votre version écrite en B.

Composition originale et pratique sur cette Scène 1.

Exercice VII. (Scène 2, jusque page 32, ligne 14.)

Conversation. — 1. Au début de cette nouvelle scène, où Catherine est-elle assise ? 2. Comment va-t-elle parler ? avec lenteur ? non, n'est-ce pas ; comment alors ? 3. Que craint-elle pour son mari ? 4. Léonard que fait-il ? 5. Quelles raisons donne-t-il de l'importance d'une sentence pour le juge qui la rend ? 6. Catherine consulte son mari sur la toilette féminine, n'est-ce pas ; que lui demande-t-elle d'abord ? 7. Que pense-t-elle du satin à fleurs ? 8. Que dit-elle du vertugadin ? 9. Pense-t-elle que cette mode durera ? 10. A quoi reconnaît-on la femme vraiment élégante ? 11. Que dit-elle des jeunes gens de son temps ? 12. Que lui répond alors son mari ? 13. Que promet-elle encore ? 14. Qu'ont-ils, ce soir-là, pour souper ? 15. Que déteste-t-elle ? et qu'aime-t-elle ? 16. Que dit-elle de la vie d'alors ? 17. Pourquoi les rôtisseurs vendent-ils moins cher qu'au marché ? 18. Qu'est-ce que c'est qu'un « dîner prié » ? 19. Pourquoi est-il plus expéditif de faire venir le dîner du dehors ?

A. — Observez, répétez a haute voix ces phrases pratiques :

1. *A la bonne heure !* voilà une bonne réponse, Robert.
2. Voici une robe très *séante* pour une blonde, mademoi-

selle.   2. Il est malséant (*ou* il n'est pas convenable, *ou* il n'est pas poli) d'entrer chez les autres avec son chapeau sur la tête, Robert.   Par *bienséance* (politesse) on doit ôter son chapeau en entrant.   3. Cette mode durera-t-elle? — Non, *elle tombera* l'an prochain, comme toutes les modes actuelles.   4. Le vrai savant (*learned man*) se reconnaît à sa modestie.   5. Cette terre *reste en friche*. Pourquoi ne la cultivez-vous pas?   6. Je vous importune? Très bien *je me tais;* je ne dis plus (un) mot.   7. *Que sert de* vous dire d'éviter cette faute? vous faites toujours les mêmes fautes par inattention.   8. Je sais bien que vous n'êtes pas de mon opinion à ce sujet, mais vous *y viendrez*, allez.   9. Robert, vous me fatiguez; taisez-vous, *de grâce!*

B. — Version écrite (ou orale) de A.

C. — Thème oral et spontané de votre version écrite en B.

Composition originale et pratique sur le passage en VII.

Exercice VIII.   (Page 32, ligne 14, à la fin de la scène.)

Conversation. — 1. Comment rendez-vous en anglais cette exclamation: De grâce!   2. A l'époque où vivait Catherine, quand on traitait (*ou* invitait) un ami se contentait-on des trois services ordinaires?   3. Lui faut-il beaucoup à elle?   4. Léonard a-t-il un faible pour les tripes?   5. Que répond-il à la nouvelle promesse de Catherine de ne plus le déranger?   6. Et à sa question: Sera-t-elle bientôt faite?   7. Qu'est-ce que Catherine semble entendre maintenant?   8. Qu'ont fait les victimes de ce fameux incendie ? 9. Comment Léonard exprime-t-il qu'il ne peut plus supporter le bavardage de Catherine ? (*Expression idiomatique:* n'en pouvoir plus). 10. Qui appelle-t-il à son aide ? En quels termes ? 11. De qui cette madame de la Bruine est-elle suivie ? 12. Elle a l'air de faire quoi ? 13. Que dit Catherine en regardant cette dame ? 14. Que demande-t-elle ensuite à son mari ? 15. De quoi félicite-t-elle son mari, à propos de cette dame ? 16. Pourquoi donc ? 17. Alors, où Léonard monte-t-il ? 18. Et Catherine où va-t-elle ? 19. Qu'est-ce que madame de la Bruine se garde bien de dire ? 20. Où se réfugie alors Léonard ? 21. Comment ces jeunes clercs du palais se mettent-ils au-dessus de leur condition ? 22. A quel point Léonard est-il excédé ? 23. Où envoie-t-il Gilles ? 24. De quoi dit-il qu'il se repent. 25. Catherine épouvantée, que crie-t-elle alors ? 26. Et Alizon ?

A. — Observez, répétez a haute voix ces phrases pratiques:

1. *Ne vous contentez pas de* dire ces phrases une ou deux fois; répétez-les inlassablement. — Je ne m'*en* contente pas, monsieur. — *Puissiez*-vous dire vrai ! 2. Pardon, monsieur, *je me trompe de page.* 3. Écoutez-moi bien, mes amis, j'ai quelque chose *de* difficile à vous expliquer. 4. Quelle leçon difficile ! *je m'en peux plus.* — Vous *auriez tort de* vous décourager. — *Ne vous fâchez pas,* monsieur, je ne suis pas découragé(e), je ne suis que fatigué. — Vous *avez l'air* bien fatigué, en effet. 5. Madame Dulac va nous *faire une visite* cet après-midi; *dépêchons-nous de* nous préparer à la recevoir. — *J'y songe,* nous n'avons ni sucre ni thé. — Quelle claquette ! cette madame Dulac.

Gardez-vous bien de lui dire vos secrets. *Elle veut* (se faire) *passer* pour une dame, mais elle n'est qu'une bavarde. 6. *Il appartient aux* parents de commander; aux enfants, de leur obéir. 7. *Je me repens de* lui avoir donné ma confiance. Je m'*en* repens car il en abuse. 8. Il y avait le feu, *je me suis réfugié(e)* dans la tour, criant: *Au feu! Au secours!*

B. — Version écrite (ou orale) de A.

C. — Thème oral et spontané de votre version écrite en B.

Composition originale et pratique sur ce passage.

Exercice IX. (Acte II, Scène 3)

Conversation. — 1. Quel est ici le sens de *souffrez que . . .* ? 2. Qu'est-ce que cette orpheline joint à ses prières et à ses larmes. 3. Qu'ose-t-elle espérer en échange? 4. Que répond alors le juge? 5. A quoi dit-elle qu'elle s'en réfère? 6. Comment Léonard trouve-t-il qu'elle parle? 7. Que dit-il de sa tête? 8. De quoi a-t-il besoin lui-même? 9. Que pensez-vous des divers « attendus que » qu'il énumère? 10. Léonard sait-il lui même ce qu'il lit? 11. Que lui semble-t-il? 12. Par la faute de qui, dit-il? 12. Qu'est-ce que maître Adam lui avait cependant bien dit? 13. D'après lui, une femme bavarde est-elle un grand fléau? 14. Que compte-t-il que feront ces médecins? 15. Qu'a-t-il fait en conséquence?

A. — Observez, répétez a haute voix ces phrases pratiques:

1. Vous avez tort, *souffrez*, mon cher monsieur, *que* je vous le dise franchement. 2. Je ne connais pas cette

dame voulez-vous me présenter (à elle) ? — Comment voulez-vous que je vous présente ? — Je *m'en réfère à* votre bon jugement.   3. *Ce que* vient de dire cet avocat n'est pas juste; je vais vous dire, moi, *ce qui* est vrai dans cette affaire.   5. *Attendu que* vous n'avez pas réussi votre examen d'entrée, je ne peux vous admettre à ce cours.   6. J'ai la tête cassée, *je n'en puis plus;* on dirait que cet exercice m'a *mis la cervelle au pilon.* 7. Avant de rien décider, *regardez-y à deux fois.*   8. Je *compte bien* que vous viendrez me voir, n'est-ce pas; vous me l'avez promis.   9. Pardon, monsieur, *on m'a fait appeler* au bureau du directeur pour dix heures; il a à me parler. Veuillez me permettre d'y aller.

B. — Version écrite (ou orale) de A.

C. — Thème oral et spontané de votre version écrite en B.

Composition originale et pratique sur cette Scène 3.

Exercice X.   (Scène 4, jusque page 45, l. 15.)

Conversation. — 1. Que dit maître Maugier en entrant ? 2. Comment s'avance maître Dulaurier ?   3. Qui est-ce qui se presse autour de lui ?   4. Comment fait-il l'admiration du peuple ?   5. Pourquoi faut-il être reconnaissant à ces bons médecins ?   6. Par quels mots maître Simon interrompt-il cet éloge enthousiaste ?   7. Que lui dit Léonard ?   8. Que lui demande maître Simon ? 9. Qui est-ce qui est incommondé depuis que parle Catherine ?   10. Pourquoi ?   11. Dans quel but lui dit-il qu'il l'a fait appeler ?   12. Quels remèdes maître Simon dit-il qu'il a? En a-t-il pour tous les cas ?   13. Léonard est-il désespéré ? Qu'est-ce qui le montre? 14. Que réclame-t-il pour l'empêcher d'aller se noyer dans la Seine?

A. — Observez, répétez a haute voix ces phrases pratiques:

1. Vous êtes trop loin du tableau *avancez-vous* un peu. — Très bien, *je m'avance;* je verrai mieux.   2. *J'ai hâte de* finir ce devoir de français pour préparer ma chimie; je n'ai plus qu'une heure.   3. Où souffrez-vous? (*ou* Qu'est-ce que vous avez? *ou* Qu'est-ce qui vous fait mal? *ou* Où avez vous mal?). — Docteur, *j'ai mal à l'*estomac. *Depuis* que je *suis* en Amérique, *j'ai* toujours mal à l'estomac.   4. Vous avez lu le journal? Ils se promenaient en canot sur la Seine et *ils se sont noyés*.   5. Cet enfant est désobéissant, veuillez (*me*) le punir sévèrement.   6. Il bavarde durant toute la leçon, veuillez le *faire taire*, monsieur.   7. Malheureusement, je *n'y peux rien*. Cette maladie est très grave, *il n'est* aucun remède pour la guérir. — Vous croyez? Moi, j'*en* doute. (*douter de*)

B. — Version écrite (ou orale) de A.

C. — Thème oral et spontané de votre version écrite en B.

Composition originale et pratique sur ce passage.

Exercice XI.   (Page 45, ligne 15, à la fin de la scène.)

Conversation. — 1. Dans sa réplique, quel espoir maître Simon donne-t-il à Léonard?   2. Quelle remarque faites-vous sur ces deux manière de dire: 1°« à babillage de femme, il est... » et 2° au babillage de la femme...?   3. Qu'est-ce que ce grand médecin offre à Léonard?   4. Que lui répond Léonard?   5. Quel est le mot courant pour « cophose »? 6. Maître Adam voit-il quelque inconvénient à ce qu'un juge soit sourd? 7. Pourquoi dit-il qu'il n'en résulterait nul dommage? 8. Pourquoi dit-il « vous pouvez m'en croire »? 9. Dans la réponse de Léonard, remplacez « Il se peut » par une expression équivalente. 10. Ces moyens de produire la surdité sont-ils agréables? 11. Est-ce que Léonard les accepte? 12. Comment vaut-il mieux obtenir la surdité? 13. Que lui répond alors Léonard? 14. Finalement que dit Léonard?

A. — Observez, répétez a haute voix ces phrases pratiques:

1. Aux injures qu'on vous dit, *il est* un bon remède que je veux vous recommander. — Lequel, s'il vous plaît? — Le mutisme. 2. *Que voulez-vous dire*, je ne comprends pas. — *Je veux dire* de toujours vous taire en pareil cas. 3. Si vous continuez ainsi, je me fâche *tout de bon*. 4. Que signifie ce mot savant : « la cophose »? 5. *Il se peut* que *vous ayez raison*, mais moi, *je n'ai pas* entièrement *tort*. — *N'en doutez pas*, j'ai raison. 6. *Il vaut bien mieux* partir de bonne heure, nous arriverons plus tôt. 7. Pourquoi ne répond-il jamais? — *Il est sourd comme un pot*. 8. Vous fuyez mes conseils, *vous vous dérobez* toujours *à* mes bonnes suggestions. 9. Gilles a encore *dérobé* une bouteille de vin. Ce fripon *de* Gilles! 10. *Je me suis décidé à* partir ce soir je m'*y* suis décidé tantôt. 11. Évidemment ce n'est pas ce que je voulais, mais *cela me garde* d'un plus grand mal.

B. — Version écrite (ou orale) de A.

C. — Thème oral et spontané de votre version écrite en B.

Composition originale et pratique sur ce passage.

Exercice XII. (Scène 5, jusque page 53, l. 10.)

Conversation. — 1. Comment Alizon arrive-t-elle ? 2. Que dit-elle ? 3. A quelle autre forme équivaut « Qu'on l'enferme ! » ? 4. Comment proteste alors mademoiselle de la Garandière ? 5. Catherine arrive alors ; que dit-elle et que fait-elle ? 6. Que lui demande alors maître Simon ? 7. Dans les premiers moments de sa guérison pouvait-elle articuler beaucoup de mots ? 8. Et maintenant ? 9. Pourquoi use-t-elle modérément de sa facilité à parler ? 10. De quoi serait-elle désolée ? 11. Quelle permission demande-t-elle ? 12. Quand est-ce que cette orpheline a perdu ses père et mère ? 13. Pendant que son mari rédigeait cette sentence, Catherine lui adressait-elle la parole ? — d'après ce qu'elle dit, bien entendu. 14. Que dit-elle qu'un mari ne peut trouver mauvais ? 15. Que prie-t-elle son mari de lui dire ? 16. Que promet-elle de faire à l'avenir ? 17. Pourquoi fait-elle cette promesse ? 18. Racontez-nous à votre manière cette catastrophe arrivée à madame de Beaupréau. 18. Dites-nous ce que Léonard a fait pendant ce discours de sa femme et ce que, maintenant, il réclame par pitié. 19. En quels termes maître Simon annonce-t-il que la poudre est insufflée dans les oreilles de Léonard ?

A. — Observez, répétez a haute voix ces phrases pratiques :

1. Il n'y a pas d'air dans cette salle, ouvrez les fenêtres, je *n'y puis tenir*. 2. Il n'est pas encore ici ? *Qu'on lui dise* de venir à l'instant. 3. Peut-on *avoir l'âme si noire que* de vouloir une telle cruanté ! 4. Monsieur, *je vous*

suis fort obligé du service que vous m'avez rendu; je vous *en* serai obligé toute ma vie.   5. Ce que vous pensez de lui n'est pas juste; *on vous a* probablement *prévenu contre lui*.   6. Il est mort *à la fleur de l'âge*. *Je vous adresse la parole, vous ne m'écoutez autant dire pas*.   7. Elle est sourde *je la plains* de tout mon cœur.   8. Vous ne travaillez pas en classe, je m'*en* plaindrai à vos parents. 9. Les raisons que vous me donnez ne sont *pas soutenables*, je ne puis les admettre.   10. Je vais *faire en sorte* que vous soyez satisfait car *j'ai à cœur* de vous faire plaisir. 11. *Voilà qui est fait*! Êtes-vous content?

B. — Version écrite (ou orale) de A.

C. — Thème oral et spontané de votre version écrite en B.

Composition originale et pratique sur ce passage.

Exercice XIII.   (Page 53, ligne 10, à la fin.)

Conversation. — 1. Au début de ce passage Catherine s'adresse à maître Adam; que lui dit-elle de faire? 2. Qu'accuse-t-elle son mari de lui avoir jeté?   3. Lui en a-t-il réellement jeté? en d'autres termes, est-ce exact?   4. Que lui dit-elle elle-même?   5. Léonard que fait-il pendant que Catherine lui parle?   6. Que dit-il?   7. Que dit Catherine de ces femmes frivoles à qui elle se compare?   8. De quoi dit-elle qu'elle a besoin?   Que lui dit alors maître Simon?   9. Pourquoi Léonard n'entend-il plus?   10. Quelle agréable surdité a produit cette poudre?   11. Que répond Catherine?   12. Et maître Simon?   13. Comment alors Catherine appelle-t-elle son mari — tendrement?   14. Et quels noms lui donne-t-elle pour se moquer de lui?

15. Léonard l'entend-il par les oreilles? Comment dit-il qu'il entend sa femme? 16. Que se sent-il devenir? 17. Que veut dire « nous donnant le bras » — de la chanson de l'aveugle? Quelle sorte du verbe est-ce? 18. Comment se termine la comédie? 19. La comédie terminée, que dit Botal au nom de l'auteur?

(— Mesdemoiselles et messieurs, *l'éditeur* vous dit la même chose et compte sur votre indulgence).

A. — Observez, répétez a haute voix ces phrases pratiques:

1. Ne vous querellez pas pour si peu de chose; écoutez-moi, je vais vous faire *entendre raison*. 2. Vous avez fait des fautes énormes dans votre devoir; en deuxième année de lecture, on ne tolère pas *des* fautes de cette nature. 3. Monsieur, vous êtes fâché contre moi, *vous ai-je manqué en quelque chose?* 4. Vous n'avez pas encore fini? moi, j'ai fini, *je me tourne les pouces* à vous attendre. 4. *Avez-vous* encore *besoin de* votre grammaire? moi, j'en ai besoin en ce moment. 5. Il est timide, *il est né* ainsi; il est né avec le besoin d'affection. 6. Je ne *saurais* vous approuver, mon cher ami; c'est mal ce que vous dites; vous *n'en ferez rien*, j'espère. 7. Le peuple, en France, dit souvent « ma moitié(e), sa moitié(e) » pour: mon mari, sa femme, etc., mais cela n'est pas distingué. 8. Regardez, ils sont bons amis ils marchent *en se donnant le bras* (*ou*: ils marchent *bras-dessus, bras-dessous*).

B. — Version écrite (ou orale) de A.

C. — Thème oral et spontané de votre version écrite en B.

Composition originale et pratique sur ce passage.

VOCABULAIRE

Articles and personal pronouns, as well as words practically identical in form, and identical in meaning, in the two languages, are omitted. The feminine of adjectives is given only when different from the masculine and not formed regularly by adding *e*.

A

à, to, at, on, in, with by.
abord (d'), first.
aboyer, to bark.
accompli, accomplished.
accueillir, to welcome, receive.
acheter, to buy.
acquérir, to acquire.
additionner, to add.
admiration, *f.*, wonder, admiration; **faire l'—**, to inspire wonder.
adroit, skilful.
affaire, *f.*, matter, case, business; **avoir —**, to deal with, have to do with.
affliger, to afflict, grieve, distress.
ailleurs, elsewhere.
aimer, to like, love.
ainsi, so, thus, then.
air, *m.*, appearance, air; **avoir l'—**, to appear, look.
aise, *f.*, pleasure, ease.
ajouter, to add.
alléguer, to allege.
aller, to go; **il en va autrement de**, it is a different matter with.
alors, then.
âme, *f.*, soul, heart.
amener, to bring, lead.
ami, *m.*, **-e**, *f.*, friend; **mon —**, my dear.
amitié, *f.*, friendship, affection.
amour, *m.*, love; **donner de l'—**, to inspire love.
ampleur, *f.*, fulness.
amuser (s'), to enjoy.
an, *m.*, year; **fleur de ses ans**, bloom of youth.
ancien, -ne, former.
andouille, *f.*, sausage.
ankylose, *f.*, anchylosis (formation of a stiff joint).
année, *f.*, year.
apercevoir, to perceive, notice.

apparat, *m.*, pomp.
apparence, *f.*, appearance, supposition.
appartenir, to belong, befit.
appas, *m. pl.*, charms.
appeler, to call, summon.
apporter, to bring.
apprendre, to learn, inform.
apprêter, to get ready, prepare.
appuyer (s'), to lean.
après, after.
arder (*or* **ardre**), to burn.
armoire, *f.*, cupboard, case of shelves.
arrêt, *m.*, decree, decision.
arrêter, to stop; **s'—**, to stop.
arriver, to happen, occur, arrive.
artichaut, *m.*, artichoke.
asseoir, to seat; **s'—**, to sit, be seated.
assez, enough, fairly.
assistant, *m.*, bystander, person present.
assourdissant, deafening.
atteindre, to reach, attain.
attendre, to wait, await; **en attendant**, meanwhile.
attendrir, to soften.
attendu, inasmuch, whereas.
attirer, to bring.
attraper, to catch, take in.
aucun, any, not any, none.
au-dessus, above.
aujourd'hui, today.

auner, to measure.
auparavant, formerly, before.
auprès, near, with, beside, to.
aussi, as, so, also.
autant, as much, so much; **— dire**, I may say.
auteur, *m.*, author.
automate, *m.*, automaton.
autour, about, around.
autre, other, another.
autrement, otherwise, differently.
avancer (s'), to approach.
avant, before.
avantage, *m.*, benefit, advantage.
avantageusement, advantageously.
avenant, prepossessing, pleasing.
avenir, *m.*, future.
aveugle, *m.*, blindman.
avide, grasping, greedy.
avis, *m.*, opinion.
avocat, *m.*, lawyer.
avoir, to have; **il y a**, there is; **qu'avez-vous**, what is the matter with you?
avoué, *m.*, lawyer.
avouer, to confess.

B

babillage, *m.*, chatter.
babiller, to babble.

bagatelle, *f.,* trifle.
bâiller, to yawn.
barbier, *m.,* barber.
barbot, *m.,* chub.
barrique, *f.,* hogshead.
bas, –se, low.
bas, *m.,* bottom; **à —,** down.
bateleur, *m.,* juggler.
baume, *m.,* balm.
bavard, talkative.
bavardage, *m.,* talkativeness.
beau, bel, *m.,* **belle,** *f.,* beautiful, fine.
beaucoup, much.
belle, *f.,* beauty; **la —,** my beauty, fair one.
besoin, *m.,* need.
beugler, to bellow.
bien, well, indeed, quite, very, rather, else; **eh —,** well.
bien, *m.,* property, wealth.
bienfait, *m.,* benefit.
bientôt, soon.
blanc, blanche, white.
boire, to drink; **— un coup,** to take a drink.
bois, *m.,* wood.
bon, -ne, good; **tout de —,** for good, actually.
bonjour, *m.,* good-day.
bonnet, *m.,* cap; **— carré,** mortarboard.
bonsoir, *m.,* good evening.
bord, *m.,* edge, brim; **un rouge —,** brimming glass (see notes).
bordé, edged, bordered.
botte, *f.,* bunch, bundle.
bouche, *f.,* mouth.
boucher, to stop up.
boucher, *m.,* butcher.
bouffer, to flare, puff.
bouilli, *m.,* boiled meat.
bouillir, to boil.
bouillonnement, *m.,* boiling, bubbling.
bourdonner, to buzz.
bourgeois, *m.,* **-e,** *f.,* burgher, person of the middle class.
bourrée, *f.,* lively dance, reel.
bourrelet, *m.,* padding.
bouteille, *f.,* bottle.
brassée, *f.,* armload.
brocart, *m.,* brocade.
broche, *f.,* skewer, spit.
brodé, embroidered.
brûler, to burn.
brusquement, abruptly.

C

cacher, to hide, conceal.
cachotterie, *f.,* trifling concealment.
cadeau, *m.,* gift.
cadet, younger.
canard, *m.,* duck.
caqueter, to cackle.
carré, square; **bonnet —,** mortarboard.

carrefour, *m.,* crossroads.
cause, *f.,* cause, case; **à — de,** on account of.
caverneu-x, -se, hollow.
ce, cet, *m.,* **cette,** *f.,* **ces,** *pl.,* this, that, it, those, these.
cela, that, it.
célèbre, famous, celebrated.
cellier, *m.,* cellar.
celui, *m.,* **celle,** *f.,* **ceux,** *m. pl.,* **celles,** *f. pl.,* he, she, the one, that, they, those.
cent, hundred.
certes, certainly.
cervelle, *f.,* brain.
cesser, to stop, cease.
chagriner, to distress.
chair, *f.,* flesh, meat.
chaise, *f.,* chair.
chambre, *f.,* room, bedroom.
chambrière, *f.,* chambermaid.
chandoile, *f.,* candle, wick.
change, *m.,* exchange.
chanter, to sing.
chapeau, *m.,* hat.
chaperon, *m.,* cape (with hood).
chapon, *m.,* capon.
chaque, each, every.
charge, *f.,* position, appointment.
chasser, to drive away.
chat, *m.,* cat; **mon gros —,** (see notes.)
chaussure, *f.,* shoe.

chemin, *m.,* road, way.
cheminée, *f.,* fire-place, chimney.
cher, dear.
chéri, dear, darling.
chez, to, at, in, at the house (or shop) of; **— soi,** at home.
chien, *m.,* dog.
chirurgien, *m.,* surgeon.
chœur, *m.,* chorus.
chose, *f.,* thing; **quelque —,** something.
chut, hush.
ciel, *m.,* heaven, heavens.
cinq, five.
cinquante, fifty.
ciseaux, *m. pl.,* scissors.
civil, civil, private.
clair, clear, bright, light.
claquette, *f.,* rattle, chatterbox.
clerc, *m.,* clerk.
cochon, *m.,* pig; **— de lait,** sucking pig.
cœur, *m.,* heart.
coffre, *m.,* chest.
colère, *f.,* anger, wrath.
collation, *f.,* collation, supper.
colporteur, *m.,* peddler.
combien, how much, how many.
commander, to direct, order.
comme, like, as, how.
comment, how.

VOCABULAIRE 115

commerce, *m.*, society, company.
commettre, to commit.
commode, convenient.
complet, complete; **au —,** all here.
comprendre, to understand.
compte, *m.*, account, sum; **meilleur —,** cheaper.
compter, to count, rely on.
concevoir, to imagine, conceive.
condamner, to condemn.
condisciple, *m.*, fellow student.
conduire, to lead, conduct.
confier, to confide.
confrère, *m.*, colleague.
connaissance, *f.*, knowledge, acquaintance; **prendre —,** to become acquainted, familiar.
connaître, to know, be acquainted with.
conseil, *m.*, advice.
consentir, to consent, agree; **consentez,** please.
considérer, to realize, consider.
constater, to prove.
contenir, to contain.
content, glad, pleased, satisfied.
contrarier, to oppose, contradict, annoy.
contrariété, *f.*, vexation.
contre, against, opposite.
convenir, to suit, be suitable.
cophose, *f.*, cophosis, deafness.
coq, *m.*, cock.
coquin, *m.*, rogue.
cornard, *m.*, cuckold.
corne, *f.*, horn.
corporation, *f.*, guild.
corps, *m.*, body.
corrompre, to corrupt.
cortège, *m.*, escort, parade.
côté, *m.*, side, direction.
cotillon, *m.*, petticoat.
coton, *m.*, cotton.
cou, *m.*, neck.
coudre, to sew, **cousu d'or,** lined with gold, rolling in wealth.
couler, to flow, run, glide.
coup, *m.*, stroke, blow; **boire un —,** to take a drink.
coupable, *m.*, guilty person, criminal.
couper, to cut.
courir, to run, rush.
cours, *m.*, course, stream; **donner —,** to let flow.
couteau, *m.*, knife.
coûter, to cost.
coûteu-x, -se, expensive.
couvrir, to cover.
craindre, to fear.
créature, *f.*, creature, human

being; — **du bon Dieu**, one of God's creatures.
cresson, *m.*, cress; **— de fontaine**, water-cress.
cri, *m.*, cry.
crier, to shout, call, cry, squeal.
criminel, -le, criminal; **lieutenant —**, magistrate (see notes).
criminel, *m.*, criminal.
croire, to believe, think; **n'en croyez rien**, not at all.
cumuler, to hold at the same time.
cuisine, *f.*, kitchen.
cuisinier, *m.*, cook.
culbuter, to jostle.

D

damas, *m.*, damask.
dame, *f.*, lady.
danser, to dance.
davantage, more.
de, d', of, from, with, for, to, by, on, at.
débauché, *m.*, rake.
décerner, to award.
décrire, to describe.
décroître, to abate, decrease.
dédaigner, to disdain, despise.
défendre (se), to deny, refrain from.
dégât, *m.*, damage, waste.

dehors, outside; *m.*, outdoors, outside.
déjà, already.
délier, to loosen, untie.
demander, to ask.
démangeaison, *f.*, itching, inordinate desire.
demeure, *f.*, dwelling, household.
demeurer, to live, reside.
demoiselle, *f.*, gentlewoman, young lady.
démuni, unprepared, unequipped.
dent, *f.*, tooth.
dépêcher (se), to hurry, hasten.
dépouiller, to rob.
depuis, since, during.
déra, nonsensical refrain; **la —**, tra la la.
déranger, to distract, bother.
dernier, last.
dérober, to steal, conceal; **se —**, to flee.
derrière, behind.
dès, as soon as, on, at; **— que**, as soon as, when.
désespérer, to despair, drive to despair.
désespoir, *m.*, despair.
désolé, grieved.
dessous, under.
deux, two.
deuxième, second.

dévaler, to descend.
devant, before.
devenir, to become.
deviner, to guess, devine.
devoir, to owe, be obliged, must.
devoir, *m.,* duty.
diable, *m.,* devil.
Dieu, *m.,* God; — **merci,** thank heaven.
digne, worthy, deserving.
dire, to say, tell; **autant —,** I may say; **vouloir —,** to mean; **ledit, la dite,** the said.
dire, *m.,* saying.
discourir, to discourse.
dispendieu-x, -se, expensive.
dix, ten.
dix-sept, seventeen.
dolosivement, illegally, dishonestly.
dommage, *m.,* harm.
donc, then, therefore.
donner, to give; **— de l'amour,** to inspire love, make fall in love; **— sur,** to open on; **se — le bras,** to go arm in arm.
dont, of whom, of which, whose.
dos, *m.,* back.
doucement, easily, gently.
douleur, *f.,* sorrow.
douloureu-x, -se, painful.
dou-x, -ce, sweet, gentle.
douze, twelve.
drap, *m.,* cloth.
dresser (se), to stand.
droit, straight.
droit, *m.,* law.
droite, *f.,* right, right hand.
drôle, funny, silly, rascally.
durant, during.

E

eau, *f.,* water.
échange, *m.,* exchange.
échapper, to escape.
échauffé, overheated, excited.
échelle, *f.,* ladder; **— double,** step-ladder.
échelon, *m.,* rung.
éclater, to burst, shine forth.
écouter, to listen.
écrire, to write.
écritoire, *f.,* writing-case, inkstand.
écurie, *f.,* stable.
effet, *m.,* fact, effect.
effrayant, frightful.
égaré, distracted, deranged.
eh, ah; **— bien,** well.
électuaire, *m.,* electuary, syrup.
emblée (d'), at the start, onset.
embrasser, to kiss.
émouvoir, to move.

empiffrer, to cram.
emplâtre, *m.*, plaster.
emprunter, to borrow.
en, in, at, as, to.
en = de + pronoun, some, any, of it, etc.
enchérir, to become expensive, go up.
encore, again, still, yet, also.
enfermer, to shut up, lock up.
enfiler (s'), to slip off, betake oneself.
enfin, in short, finally.
enfoncer, to bury.
engraisser, to fatten.
enragé, mad, frenzied.
entasser, to pile.
entendement, *m.*, understanding.
entendre, to hear, understand.
entrailles, *f. pl.*, feelings.
entrée, *f.*, entrance, side-dish.
entrer, to enter.
entretenir, to talk with, converse.
entr'ouvert, half-open, ajar.
énumérer, to enumerate.
envoyer, to send.
épargner, to spare.
épaule, *f.*, shoulder.
épée, *f.*, sword.
épice, *f.*, spice, court-fee.
épicier, *m.*, grocer.
épitoge, *f.*, hood (of doctor).

épouse, *f.*, wife.
épouser, to marry.
épouvanté, terrified.
époux, *m.*, husband; *pl.*, married people.
éprouver, to undergo, feel, suffer.
escalier, *m.*, staircase.
escient, *m.*, à bon —, knowingly, wittingly.
espérer, to hope.
espoir, *m.*, hope.
esprit, *m.*, mind, wit, intellect.
essayer, to try.
essentiel, *m.*, the main thing, essential fact.
est, *m.*, east.
et, and.
étage, *m.*, story, floor.
étang, *m.*, pond, pool.
état, *m.*, condition, state.
étoile, *f.*, star.
étonner, to surprise, astonish.
être, to be.
étude, *f.*, study.
étudier, to study.
éviter, to avoid, spare.
excédé, worn out, at the end of one's wits.
exécuter, to perform, execute.
exercer, to exercise, wield.
expéditi-f, -ve, expeditious.
explication, *f.*, explanation.
expliquer, to explain.
exprès, purposely.

exprimer, to express.

F

face, *f.*, face; **en —,** opposite.
fâcher, to anger, grieve; **se —,** to become angry.
fâcheu-x, -se, annoying.
façon, *f.*, style, fashion.
faculté, *f.*, faculty (of medicine), body of doctors.
faible, *m.*, weakness.
faire, to make, do, perform, have; **bien fait,** good looking.
fait, *m.*, fact; **si —,** yes indeed, of course; **tout à —,** completely, entirely.
falloir, to be necessary, must, lack.
farine, *f.*, flour.
fastidieu-x, -se, tiresome.
fatiguer, to tire.
fauchée, *f.*, mowing, one cut.
faute, *f.*, fault.
fauteuil, *m.*, armchair.
faveur, *f.*, favor, partiality, behalf.
feindre, to pretend.
femme, *f.*, woman, wife.
fenêtre, *f.*, window.
ferrement, *m.*, trinket (hardware).
ferrer, to shoe; **— la mule,** to waste time.

fête, *f.*, anniversary, birthday.
feu, *m.*, fire; **au —,** fire!
fi, fie.
fidèle, faithful.
fienter, to drop dirt.
filer, to spin.
filet, *m.*, thread, ligament.
fille, *f.*, girl, daughter.
fin, clever, finished, fine, delicate.
fléau, *m.*, scourge.
fleur, *f.*, flower; **— de ses ans,** bloom of youth.
flot, *m.*, flood, torrent.
flux, *m.*, flood.
fois, *f.*, time; **deux —,** twice.
fond, *m.*, background, upstage, heart.
fontaine, *f.*, spring, fountain; **cresson de —,** water-cress.
force, *f.*, strength, power.
fort, very, much, very much.
fou, fol, *m.*, **folle,** *f.*, insane, mad.
fourrer, to stuff.
frais, fraîche, new, fresh, cool; **de —,** newly.
frapper, to strike.
frauduleusement, fraudulently.
frénésie, *f.*, frenzy, delirium.
frétiller, to wriggle, quiver.
friand, dainty, epicurean.
friche, *f.*, fallow land; **en —,** neglect.

fripon, *m.*, scoundrel.
fronton, *m.*, pediment.
fruitier, *m.*, fruit-seller.
fuir, to flee, evade.

G

gagner, to gain, win.
galère, *f.*, galley.
garçon, *m.*, boy.
garder, to keep, preserve; se —, to be careful not to, avoid.
garnir, to garnish, decorate.
gauche, *f.*, left, left side.
gelée, *f.*, jelly.
gémir, to groan, complain.
gens, *m.* and *f. pl.*, people; jeunes —, young men.
gentilhomme, *m.*, gentleman.
geste, *m.*, gesture.
gibier, *m.*, game.
glorieu-x, -se, proud.
glotte, *f.*, glottis.
goinfre, *m.*, glutton.
grâce, *f.*, thanks, grace, mercy; de —, I beg of you, please.
gracieu-x, -se, graceful, charming.
grand, large, big, great.
grange, *f.*, granary, barn.
gratis pro Deo, (*Lat.*) (see notes.)
gravir, to climb, mount.

grief, *m.*, grievance.
griffoner, to scribble.
grimper, to climb.
gros, -se, big; en —, wholesale; mon — chat, (see notes.)
guère, hardly, scarcely.
guérir, to cure.
guérison, *f.*, cure.

H

habit, *m.*, costume.
habitant, *m.*, inhabitant.
hachis, *m.*, hash.
haine, *f.*, hate, prejudice.
hareng, *m.*, herring.
hâte, *f.*, haste.
haut, high.
haut, *m.*, height, top.
hélas, alas.
herbe, *f.*, grass, herb, vegetable.
heure, *f.*, hour; à la bonne —, good; tout à l'heure, just now.
heureu-x, -se, happy, fortunate.
histoire, *f.*, story.
homme, *m.*, man.
honnête, polite, honorable, worthy.
honneur, *m.*, honor, credit.
hotte, *f.*, basket,
huit, eight.

humainement, humanly.

I

ici, here.
idiotisme, *m.*, idiom.
idolâtre, worshipping.
ignorer, to be ignorant of.
implorer, to beg, beseech.
importer, to be of importance, matter.
importuner, to annoy.
incendie, *m.*, conflagration.
incliner (s'), to bow.
incommoder, to disturb.
incommodité, *f.*, disturbance, annoyance, indisposition.
inconvénient, *m.*, drawback, objection.
indigne, unworthy, worthless.
indocile, intractable, refractory.
ingrat, *m.*, ungrateful person.
inlassablement, tirelessly.
instamment, instantly.
instruire, to conduct, examine.
insuffler, to blow in.
intérieur, inner, inside.
interrompre, to interrupt; s'—, to stop.
introduire, to introduce, insert.

J

jacasser, to chatter.
jamais, never, ever.
jambe, *f.*, leg.
jambon, *m.*, ham.
jardin potager, *m.*, kitchen garden.
jaune, yellow.
jeter, to throw; se —, to leap.
jeu, *m.*, play, game.
jeune, young; —s gens, young men.
joindre, to add, join.
joli, pretty.
jouer, to play.
jour, *m.*, day.
journellement, daily.
juge, *m.*, judge.
juger, to judge; — mal, to misjudge.
jupe, *f.*, skirt.
jusque, up to, as far as, until, even; — là, that far.
juste, just, exact.
justement, right now, just.

L

là, there.
la déra, nonsensical refrain, tra la la.
ladre, *m.*, leper, beggar.
laisser, to leave, allow, leave alone.

lait, *m.,* milk; **cochon de —,** sucking pig.
langue, *f.,* tongue.
laquais, *m.,* footman, lackey.
larder, to lard (with bacon).
larme, *f.,* tear.
larron, *m.,* thief.
las, -se, tired.
ledit, la dite, the said.
léger, light, shallow.
légèrement, slightly.
lequel, laquelle, lesquels, lesquelles, which, who, whom.
lésine, *f.,* stinginess.
lésiner, to skimp, be stingy.
lestement, nimbly.
lèvre, *f.,* lip.
liard, *m.,* farthing (old copper coin).
lieu, *m.,* place.
lieutenant, *m.,* lieutenant; **— criminel,** magistrate (see notes).
lièvre, *m.,* hare.
lire, to read.
lit, *m.,* bed.
livre, *m.,* book.
livre, *f.,* pound (both weight and coin).
logis, *m.,* dwelling, lodging.
longtemps, long time, long.
lorsque, when.
louange, *f.,* praise.
loup-garou, *m.,* were-wolf.
lourd, heavy, oppressive.
lugubre, mournful, lugubrious.
luxe, *m.,* luxury.

M

M. = monsieur.
madame, *f.,* madam, Mrs., lady.
mademoiselle, *f.,* young lady, Miss.
magistère, *m.,* magistery, precipitate.
mai, *m.,* May.
main, *f.,* hand.
maintenant, now.
maintenir, to keep; **se —,** to stay.
maison, *f.,* house, family.
maître, *m.,* master, Mr., esquire.
majuscule, *f.,* capital.
mal, badly; **juger —,** to misjudge.
mal, *m.,* harm, hurt, malady, evil.
malade, sick, aching.
malade, *m. and f.,* patient, sick person.
malaise, *m.,* discomfort, uneasiness.
malandrin, *m.,* brigand.
malgré, in spite of.
malheureusement, unfortunately.

malheureu-x, -se, unfortunate.

malheureux, *m.,* wretch.

malséant, unbecoming.

manger, to eat.

manière, *f.,* way, manner.

manne, *f.,* hamper.

manquer, to lack, want, fail.

manteau, *m.,* cloak.

marchand, *m.,* merchant, vendor.

marché, *m.,* market.

marcher, to walk, go.

marée, *f.,* sea-fish.

mari, *m.,* husband.

marier, to marry; **se —,** to get married.

marmite, *f.,* pot, kettle.

marmiton, *m.,* scullion.

marque, *f.,* mark, token, sign.

mars, *m.,* March.

matin, *m.,* morning.

mauvais, bad, wicked, evil.

méchant, wicked.

mécontentement, *m.,* dissatisfaction.

médecin, *m.,* physician, doctor.

médication, *f.,* medicine.

meilleur, better, best.

même, same, self, even.

mémoire, *m.,* memorandum.

mendier, to beg.

mensonge, *m.,* lie.

merci, *f.,* thank you, thanks; **dieu —,** thank heaven; **grand —,** no, thanks.

mercier, *m.,* mercer, notion-dealer.

mère, *f.,* mother.

merveille, *f.,* marvel, wonder; **à —,** wonderful.

mesdames, *f. pl. of* **madame,** ladies.

messieurs, *m. pl. of* **monsieur,** gentlemen, sirs.

métier, *m.,* trade.

mettre, to put; **se —,** to begin, install oneself, dress.

meuble, *m.,* furniture.

meunière, *f.,* miller's wife.

meurtre, *m.,* murder.

meurtrier, *m.,* murderer.

mie, *f.;* **ma —,** (*old for* **mon amie**) sweetheart.

milieu, *m.,* middle.

ministère, *m.,* service, ministration.

miroir, *m.,* mirror.

mode, *f.,* fashion.

moine, *m.,* monk.

moins, less, least; **du —,** at least.

mois, *m.,* month.

moitié, *f.,* half, better half.

monde, *m.,* world, society; **tout le —,** everybody.

monsieur, *m.,* Mr., sir.

montée, *f.,* step.

monter, to go up, go upstairs.

montrer, to show, display; se —, to appear.
mordre, to bite.
mot, *m.*, word.
moulin, *m.*, mill.
mouron, *m.*, chickweed.
mouton, *m.*, mutton.
mouvement, *m.*, impulse.
moyen, *m.*, means, way.
moyenâgeu–x, –se, medieval.
muet, *m.*, **–te,** *f.*, dumb person, mute.
mule, *f.*, mule, slipper; ferrer la —, to waste time.
munir, to furnish.
mur, *m.*, wall.
mûrement, ripely, deeply.
musette, *f.*, bagpipes.
mutisme, *m.*, dumbness.
mystère, *m.*, secret, mystery.

N

naissance, *f.*, birth.
naître (se), to be born.
nantir, to put in possession, furnish.
ne, n', not; —... **guère,** hardly, scarcely; —... **pas,** not; —... **plus,** no longer; —... **point,** not, not at all; —... **que,** only.
neu–f, –ve, new.
ni, neither, nor.
noir, black.

nom, *m.*, name.
nombreu–x, –se, numerous.
nommer (se), to be named.
non, no.
nom omnia possumus omnes, (*Lat.*) (see notes).
nouvelle, *f.*, news.
novembre, *m.*, November.
noyer, to drown.
nul, –le, no, any, not any, none.

O

obligeamment, obligingly, pleasantly.
obligeant, obliging.
obtenir, to obtain.
occuper (s'), to be busy, work.
offenser, to offend, insult.
office, *f.*, pantry.
offrir, to offer.
oie, *f.*, goose.
oiseau, *m.*, bird.
on, one, they, you.
onguent, *m.*, ointment.
onze, eleven.
or, now, but.
or, *m.*, gold; cousu d'—, lined with gold, rolling in wealth.
ordinaire, *m.*, customary manner, habit, everyday fare.

ordonner, to order.
oreille, *f.*, ear.
oreillon, *m.*, cutting of the ear.
orgueil, *m.*, pride.
orphelin, *m.*, **-e,** *f.*, orphan.
orviétan, *m.*, a poisonous compound.
oser, to dare, venture.
osselet, *m.*, ossicle, little bone.
ôter, to take away, deprive.
otite, *f.*, otitis, inflammation of the ear.
otorrée, *f.*, otorrhea, discharge from the ear.
ou, or.
où, where, when.
oublier, to forget.
outrer, to exaggerate.
ouvrier, *m.*, workman.
ouvrir, to open.

P

paillard, *m.*, clown.
pain, *m.*, bread, loaf; **— de sucre,** loaf of sugar.
paix, *f.*, peace.
palais, *m.*, palace (of justice), court-house.
panier, *m.*, basket.
papier, *m.*, paper.
paquet, *m.*, package, bundle.
par, by, through.
paraître, to appear, seem.
parce que, because.
parchemin, *m.*, parchment, document.
par-dessus, above, over, across.
pareil, *m.*, **-le,** *f.*, equal, like.
parent, *m.*, relative.
parfois, sometimes.
parler, to speak.
parole, *f.*, word, speech.
partout, everywhere.
parvenir, to succeed, arrive.
pas, not; **ne ... —,** not.
pas, *m.*, step; **de ce —,** at once.
pâté, *m.*, pastry, pie.
pâtisserie, *f.*, pastry.
pâtissier, *m.*, pastry cook.
pauvre, poor.
peine, *f.*, trouble; **à —,** hardly, scarcely.
pèlerin, *m.*, pilgrim, wanderer.
pendant, during, while.
pendre, to hang; **pendant,** pending.
pensée, *f.*, thought.
penser, to think.
percer, to pierce.
perdre, to lose, waste.
perdrix, *f.*, partridge.
père, *m.*, father.
permettre, to permit, allow.
péronnelle, *f.*, gabbling woman.

personnage, *m.*, person, character.
perte, *f.*, ruin.
peser, to weigh, consider.
petit, little.
peu, little.
peur, *f.*, fear.
peut-être, perhaps.
physique, *f.*, physics, physical science.
pie, *f.*, magpie.
pied, *m.*, foot.
pierre, *f.*, stone.
pilon, *m.*, pestle; **mettre au —**, to pound, grind.
pincée, *f.*, pinch.
pis, worse, worst.
plaider, to plead (in law).
plaideur, *m.*, client, plaintiff.
plaignant, *m.*, plaintiff.
plaindre (se), to complain.
plaisir, *m.*, pleasure.
planche, *m.*, board.
plat, *m.*, dish.
pleurer, to weep.
plumer, to pluck.
plus, more, most; **ne ... —**, no longer.
plusieurs, several.
plutôt, rather.
poche, *f.*, pocket.
point, *m.*, point, state; **ne ... —**, not at all.
poisson, *m.*, fish.
politesse, *f.*, refinement.

pomme, *f.*, apple.
pondre, to lay.
pont, *m.*, bridge.
porter, to carry, bring, wear; **— tort**, to wrong; **se —**, to be, feel, be driven.
poser, to set down.
pot, *m.*, jug, pot; **aussi sourd qu'un —**, deaf as a post.
potence, *f.*, gibbet.
pouce, *m.*, thumb, inch; **se tourner les —s**, to twiddle one's thumbs.
poudre, *f.*, powder.
poupée, *f.*, doll.
pour, for, to, in order to, as a result.
poursuivre, to pursue.
pourtant, however.
pousser, to push, grow, drive.
pouvoir, to be able; **n'en — plus**, to be able to endure no more.
pouvoir, *m.*, power.
pratique, *f.*, practice.
pré, *m.*, meadow.
précipiter (se), to throw oneself, leap.
premier, first.
prendre, to take, buy; **où prenez-vous cela**, where do you get that idea?
près, near, with, close.
présentément, at present.

présidente, *f.*, wife of the presiding judge.
pressant, urgent.
presser (se), to crowd.
prêter, to lend.
prévenir, to warn, prejudice.
prévision, *f.*, foresight, anticipation.
prier, to beg, invite.
priver, to deprive.
prix, *m.*, price, prize.
procédure, *f.*, legal procedure; **sac de —,** brief-case.
procès, *m.*, lawsuit; **sac de —,** brief-case.
procureur, *m.*, attorney.
procureuse, *f.*, attorney's wife.
produire, to produce.
profondeur, *f.*, depth, profoundness.
propos, *m.*, remark, conversation.
provincial, *m.*, **-e,** *f.*, person from the provinces.
puce, dark brown (**puce,** *f.*, flea).
puis, then, later.
pupille, *m. and f.*, ward.

Q

quand, when.
quant, as, with, regard.
quarante, forty.
quatorze, fourteen.
quatre, four.
quatre-vingt, eighty.
que, that, what, which, whom, how, as, than; **ne ... —,** only.
quel, -le, what, which.
quelque, some, few, several, whatever; **— chose,** something.
quelquefois, sometimes.
quelqu'un, -e, some one.
qui, which, who, whom.
quiconque, whosoever.
quitter, to leave; **se —,** to part.
quoi, what, which, wherewithal.

R

rabat, *m.*, neck-band.
raconter, to relate, tell.
radicalement, completely.
rafraîchir, to refresh.
ragoût, *m.*, stew.
raison, *f.*, reason; **avoir —,** to be right.
raisonnable, reasonable.
ramoner, to sweep.
ramoneur, *m.*, chimney-sweep.
rang, *m.*, rank.
rapport, *m.*, conformity.
rapporter, to bring back, bring in, be of value.

ratée; à double —, madly, at full tilt.
rattraper, to take back, recapture.
recevoir, to receive.
rechercher, to seek.
réclamer, to claim, demand.
reconnaissance, *f.*, gratitude.
reconnaissant, grateful.
reconnaître, to recognize.
recouvrir, to cover.
redevenir, to become again.
rédiger, to draw up.
référer (se), to appeal, rely.
réfléchir, to reflect.
réfugier (se), to take refuge, flee.
régaler, to entertain.
regarder, to look, consider, watch.
règle, *f.*, rule, principle.
regorger, to overflow, burst.
relier, to unite.
relire, to reread.
remarque, *f.*, notice, remark.
remède, *m.*, medicine, pill.
remercier, to thank.
remettre, to hand over, deliver, put back; **se —,** to return.
remplir, to fill.
remporter, to take back.
rendre, to give, return, render, make.
renommé, renowned.

rente, *f.*, income.
rentrer, to return, come back; **— dans ses biens,** to recover her property.
repas, *m.*, meal.
repentir (se), to regret, repent.
répondre, to answer.
réponse, *f.*, reply, answer.
reposer (se), to rest.
repousser, to reject.
reprendre, to take again, pick up, continue, revive.
représenter, to perform.
ressembler, to resemble.
ressentir, to feel.
reste, *m.*, remains, left-overs.
rester, to remain, stay.
retirer (se), to withdraw, retire.
revendre, to resell.
revenir, to come back, return.
révérence, *f.*, courtesy.
revoir, to see again.
révoquer, to revoke.
rez-de-chaussée, *m.*, ground floor.
riant, pleasant, delightful.
rien, nothing, anything.
rien, *m.*, mere nothing, trifle.
rire, to laugh.
risquer, to risk.
robe, *f.*, robe, dress, gown.
robinet, *m.*, faucet, spigot.
rognon, *m.*, kidney.

rôti, *m.,* roast.
rôtir, to roast.
rôtisseur, *m.,* baker (of meats).
roue, *f.,* wheel.
rouet, *m.,* spinning-wheel.
rouge, red; **un — bord,** brimming glass (see notes).
roulette, *f.,* caster.
ruban, *m.,* ribbon.
rue, *f.,* street.
ruisseau, *m.,* brook, stream.

S

sac, *m.,* bag, sack; **— de procédure** (*or* **procès**), briefcase.
sacré, sacred.
saint, holy.
salle, *f.,* room.
salmigondis, *m.,* salmagundi, a mixed dish.
saluer, to greet.
salut, *m.,* greeting.
salutaire, salutary.
samedi, *m.,* Saturday.
sans, without.
santé, *f.,* health.
satisfaire, to satisfy.
saur, cured, smoked.
sauter, to jump, pounce.
sauver (se), to escape, flee.
savant, learned, wise.
savoir, to know, be able.

savoir, *m.,* knowledge.
scie, *f.,* saw.
sclérose, *f.,* sclerosis, thickening of the tissue.
se, s', himself, herself, oneself, itself, themselves, each other, etc.
séant, becoming.
sec, sèche, dry, lean.
secouer, to shake.
secours, *m.,* help.
secrétaire, *m.,* secretary.
seigneur, *m.,* lord.
selon, according to.
semblable, like, similar.
sembler, to seem.
sentence, *f.,* decree, decision, sentence.
sentir, to feel; **se —,** to know, feel oneself.
sept, seven.
septième, seventh.
service, *m.,* service, course.
servir, to serve, be of use; **pour vous —,** at your service; **se —,** to use.
seuil, *m.,* sill.
seul, alone, sole, single.
seulement, only, even.
si, yes (after negation); **— fait,** yes indeed, of course.
si, if, whether, so, such.
sieur, *m.,* master, Mr.; (see notes.)
sinon, unless, if not.

soi, oneself; **chez —,** at home.
soie, *f.,* silk.
soigner, to care for, treat, pay attention.
soin, *m.,* care, service, attention.
soir, *m.,* evening.
soit, either; **soit... soit,** either ... or.
soixante, sixty.
soixante-dix, seventy.
songe, *m.,* dream, vision.
songer, to dream, think.
sonnant, sounding, ringing.
sorcier, *m.,* sorcerer.
sorte, *f.,* kind, way; **en —,** so as. [ment.
sortilège, *m.,* spell, enchant-
sortir, to go out, exit.
sot, -te, stupid.
soucieu-x, -se, worried, anxious.
soudain, suddenly.
soufflet, *m.,* slap.
souffleter, to slap.
souffrance, *f.,* suffering.
souffrir, to permit, suffer.
souhait, *m.,* wish.
soulager, to relieve.
soupçonner, to suspect.
souper, *m.,* supper.
source, *f.,* spring.
sourd, deaf.
sourd-muet, *m.,* deaf-mute.
sourire, to smile.
soustraire, to take from, steal.
soutenable, tenable, defensible.
souvenir (se), to remember, recall.
souvent, often.
spirituel, -le, witty.
subitement, suddenly.
sucre, *m.,* sugar.
suffire, to satisfy, be enough.
suffisant, sufficient.
Suisse, *m.,* Swiss, mercenary soldier.
suite, *f.,* following; **tout de —,** immediately.
suivre, to follow.
sujet, *m.,* reason, cause.
sur, on, upon, over.
surcharger, to overload.
surdité, *f.,* deafness.
surprendre, to surprise; **se —,** to find oneself.
surtout, especially.

T

tâcher, to try.
taire, to silence; **se —,** to be silent.
tandis, while.
tant, as much, so much, as many, so many.
tantôt, soon, immediately, right away, just now.

tapisserie, *f.*, tapestry.
tarder, to be slow, delay.
tel, -le, such, like.
tellement, so.
temps, *m.*, time, weather, tense.
tenailles, *f. pl.*, pincers, tongs.
tendre, to hold out, present.
tenir, to hold, keep, deem; **se —,** to stay; **y —,** to stand it, endure it.
tenter, to tempt.
terre, *f.*, ground, earth, floor.
thériaque, *f.*, theriac, antidote.
tirer, to draw, take out, get, pull.
tomber, to fall, decline.
topique, *m.*, topic, an external local remedy.
tort, *m.*, harm, wrong; **avoir —,** to be wrong, mistaken; **avoir des—s,** to do wrong; **porter —,** to wrong, injure.
touchant, touching.
toujours, always.
tour, *m.*, circumference, trick.
tourmenter, to torment.
tournemain, *m.*, turn of the hand, trice.
tourner, to turn, turn on; **se — les pouces,** to twiddle one's thumbs.
tourte, *f.*, tart.
tout, all, every, any, quite, very, still; **— à fait** completely, totally; **— à l'heure,** just now; **— de bon,** for good, actually; **— de suite,** immediately; **— le monde,** everybody.
tout, *m.*, everything, all.
tracas, *m.*, confusion, trouble.
train, *m.*, act, course, process.
traiter, to entertain.
trait-d'union, *m.*, hyphen.
traiteur, *m.*, caterer.
tranquille, calm, undisturbed; **être —,** not to worry.
travail, *m.*, work, task.
travailler, to work.
trente, thirty.
très, very.
trésor, *m.*, treasure.
tribunal, *m.*, court.
tristesse, *f.*, sadness.
trois, three.
troisième, third.
tromper, to deceive, disappoint; **se —,** to be mistaken.
trop, too, too much.
trouble, *m.*, disturbance, agitation.
trousse, *f.*, surgical case.
trousser, to tuck up.
trouver, to find; **se —,** to be.
truand, *m.*, vagrant.
Turc, *m.*, **Turque,** *f.*, Turk; **à la Turque,** in the Turkish style.

tuteur, *m.*, guardian.

U

unique, single, sole.
user, to use, employ.

V

vacarme, *m.*, hubbub.
valoir, to be worth; — **mieux,** to be better.
velours, *m.*, velvet.
venant, *m.*, comer; **à tout —,** to the first comer.
venir, to come; **— de,** to have just.
vent, *m.*, wind.
verbeu-x, -se, verbose.
vérité, *f.*, truth.
verre, *m.*, glass.
vers, towards.
verser, to pour.
vertu, *f.*, power.
vertugadin, *m.*, hoop-skirt.
vêtir, to dress.
viande, *f.*, meat, food.
vider, to empty.
vie, *f.*, life, living.
vierge, *f.*, virgin.
vieux, vieil, *m.*, **vieille,** *f.*, old.

vif, vive, alive.
vigne, *f.*, vine.
vilebrequin, *m.*, brace-and-bit.
villageois, *m.*, villager, countryman.
ville, *f.*, city.
vin, *m.*, wine.
vite, quickly.
vivre, to live.
voici, here is.
voilà, that is, there is.
voir, to see.
voix, *f.*, voice.
volaille, *f.*, fowl, poultry.
voler, to steal.
volontiers, gladly, willingly, certainly.
vouloir, to wish, want, try; **— bien,** to like, be glad; **— dire,** to mean; **veuillez,** please.
vrai, true, real.
vraiment, really, truly.
vrille, *f.*, augur.
vulgairement, commonly.

Y

y, there, **a** + pronoun; **il — a,** there is.
yeux, *m. pl.* of **œil,** eyes.